木村晴美 ✋ 編著

ろう通訳ってなに？
✋ 新しい手話通訳のかたち

まえがき

　私がろう通訳者をはじめて目にしたのは、2002年7月のことです。米国・ワシントンD.C.にあるギャローデット大学で"The Deaf Way Ⅱ"というイベントが開催され、世界中から9,700人以上のろう者が参加していました。文化祭のような側面を持ちながら、さまざまな分野における研究発表が行われ、米国で開催されたものではありますが、さながらろう者による国際会議のようなものでした。会場には、ASL（アメリカ手話）とIS（国際手話）の通訳が用意されていて、そこでろう者が通訳をしていたのです。

　実は、私が国際会議に参加するのは、これが初めてではありませんでした。私は、1991年に国立障害者リハビリテーションセンター学院・手話通訳学科の教官になりました。そして、同年7月に東京・新宿で世界ろう者会議が開催されました。このとき私は手話やろう者に関する国際会議に初めて参加したのです。参加したと言っても私はいちボランティアで、速報を印刷したり、参加者を誘導したりと会場内を走り回っていました。それでもちょっとした空き時間を使って、講演や分科会の様子を覗き見ることができました。この会議でも、ステージ上には、ISの通訳者と開催国である日本手話の通訳者（日本の手話通訳者）が立っていました。それだけではなく、ステージの下には、各国の手話通訳者が立ち並び、それはそれで壮観でしたが、それ以上に衝撃を受けたのは、ステージ上のISの通訳者でした。その通訳者は、ろう者のような手話を使っていたのです。手の動きだけでなく、顔や身体の動きもろう者がしているのとまったく同じです。目の開け閉じ、眉の上げ下げ、視線の動き、上体の前後の動き、口をすぼめたりと、本当にろう者のようです。一瞬、ろう者が通訳しているのか？と錯覚しそうでしたが、同時通訳用

まえがき　　3

のレシーバーをつけていたので、聴者（＝耳が聞こえる人）で間違いなさそうです。海外には、そういう手話通訳者もいるのだと感動したことを今も覚えています。当時の私はそれほど IS がわかっていたわけでもないのに、その IS 通訳者に見入ってしまいました。日本の手話通訳者も健闘していましたが、残念ながら、その多くは、日本語対応手話（手指日本語）でした。当時の手話通訳は日本語対応手話がスタンダードだったのです。

　世界ろう者会議の翌年の 1992 年、サンディエゴ大学で開催された TISLR（Theoretical Issues in Sign Language Research）という国際手話言語学会に参加しました。英語の読み書きのスキルが十分でなく、ASL も話せない私が単身渡米したことは今思えば無謀だったと思います。TISLR は手話言語学関連では最高峰の学会で、さまざまな研究機関や大学から研究者が集まります。もちろんその内容もハイレベルで、私はその内容をまったく理解できませんでしたが、そこで行われていた ASL の手話通訳がハイレベルだということはわかりました。聞けば、学術通訳の技術に長け、かつ手話言語学の専門的知識のある手話通訳者を全米から集めたということです。「通訳コーディネート」という言葉もそこで初めて知りました。何でも地元の手話通訳者でまかない、予算を低く抑えようとする当時の日本の手話通訳に対する考え方との違いに、私はただため息をつくしかありませんでした。

　米国から帰国した私は、ろう者の社会進出や社会的地位向上、そしてろう者が一人の人間として生き、権利を行使するために、優れた手話通訳者が必要であるという信念のもと、さまざまな活動を始めました。志を同じくするろう者に呼びかけて DPRO を結成し、日本語対応手話でなく、日本手話を指導できるろう者を育成するための講座を運営し、日本語対応手話から日本手話にシフトしたい手話学習者のため JSL クリニックを開講したりと、とにかくがむしゃらに動きました。1995 年に

4

市田泰弘氏と出した「ろう文化宣言」もそのひとつです。

　そして、2002年、くだんの"The Deaf Way Ⅱ"に出た私は、サンディエゴのTISLR以来の衝撃を受けることになります。"The Deaf Way Ⅱ"でも、もちろん、ろう者と見紛うような手話で通訳する人が多数いました。しかし、通訳者のうち何人かは、本物のろう者だというのです。いまでいう「ろう通訳者」です。しかし、誰が聴通訳者で誰がろう通訳者なのか見分けがつきません。誰もが、まるで聴者のように通訳しているのです。つまり、私のほうが「手話通訳は聞こえる人がするもの」という固定概念に縛られていたということです。ろう者が音声言語から手話に通訳するには、どういうからくりなのか？　と観察していたら、ろう通訳者のすぐ前で手を動かしている人がいました。つまり、ろう通訳者はその人から英語の発話内容をすくい上げてASLに通訳していたのです。しかし、どう見ても、何度見ても、そのろう通訳者は聞こえる通訳者のように実に滑らかにかつ自然に通訳していたのです。知らず知らず抱えていた「手話通訳は聞こえる人がするもの」という固定概念が覆された瞬間でした。

　その8年後の2010年、テキサス州サンアントニオで開催されたCIT（Conference of Interpreter Trainers, 手話通訳養成専門者会議：著者訳出）に招かれ講演する機会がありました。そこでもろう通訳者（Deaf Interpreter）が聴通訳者（Hearing Interpreter）と共に活躍していました。どうやら米国ではろう通訳者が聴通訳者と一体となって手話通訳することがすでに定着していたようです。通訳ブリーフィング（打ち合わせ）会場で、キャロル・リー・アクィラインさん（Carol-lee Aquiline）というろう通訳者に会いました。彼女は、WFD（世界ろう連盟）とWASLI（世界手話通訳者協会）の認定国際手話通訳者で、CITでは英語からASLに通訳していました。その通訳は、とても流暢で見事でした。私は彼女に「なぜ聞こえているかのように通訳できるのですか？」と聞いてみまし

た。すると彼女はこう答えてくれました。「自分の担当する講演や発表について、丹念に準備しておくこと。パワーポイントがあれば、そのスライドを頭に叩き込むし、分からない単語が出てきたらきちんと調べる。資料に載っていなくても通訳内容に関連することを調べて自分のものにする。そして、自分と協働する聴通訳者としっかり打ち合わせることも大事。音声情報をもらうタイミングや、自分の解釈が間違っていないか確認することも。最後は講師との打ち合わせ。どうしてもわからないところや、気になるところを講師に聞くのも大事だけれど、通訳が入るから、早口でなく、少し待ってもらう等の調整をお願いしてみるとか。」自分も仕事柄、生半可な気持ちでは通訳できないということは重々承知していましたが、彼女の話を聞いて、通訳者としての基本を再認識させられました。そして、この基本的なことを確実に実行すれば、ろう者だって通訳できるのだと思い知りました。現在、彼女は WFD-WASLI 国際手話通訳認定諮問委員会(ISAAB)の委員長に就任しています。

　その後、また彼女の活躍を目にする機会を得ました。2015年3月に宮城県仙台市で開催された「第3回国連防災世界会議」です。その際の手話通訳者は、キャロル・リー・アクィライン(ろう通訳者)とアーロン・ブレイス(Aaron Brace:聴通訳者)のペアと、ビル・ムーディ(Bill Moody:聴通訳者)の3名でした。ビルは聴者ですから、音声英語を聞いて IS に通訳します。キャロル・リーとアーロンのペアは、まずアーロンが音声英語を聞き、キャロル・リーに向けて ASL を送ります。そしてキャロル・リーはアーロンの ASL を見て IS に通訳するのです。このときの通訳も実に滑らかで、タイムラグも聴通訳者の通訳とほとんど変わりなかったと同席していた聴者が話していました。日本では、まだまだ「手話通訳は聞こえる人がするもの」という概念が根強く、さらに、「ろう通訳」に対する聞こえる通訳者たちからの反発さえありました。それなのに、アーロンは嬉々としてキャロル・リーの影のような役回り

を担っているように見えます。自分が直接通訳したいとは思わないのでしょうか。すると、アーロンはこう答えてくれました。

　本来、翻訳や通訳は、第二言語から母語に翻訳・通訳するのが基本と言われています。それなのに、手話通訳の場合は、音声言語と手話言語を通訳しなければならないので、目標言語が通訳者の第二言語であっても、聴者が通訳することが当然と思われてきました。つまり言語による適不適ではなく、聞こえるかどうかで通訳者を決めていたことになります。しかし、翻訳・通訳の基本に照らして考えれば、手話を母語とする人が目標言語を表出するのがベストです。ですから、起点言語が音声だとしてもろう者がそれを受容できる方法があるならば、ろう者が手話という目標言語に通訳するのが望ましいと言います。さらに、自分は聴者でASLは第二言語なので、やはりASLを母語としているろう者の訳出には敵わない。自分がフィードしたASLがさらにブラッシュアップされて、ろうの通訳利用者に十分満足される通訳が提供されるのはこのうえない喜びだそうです。そして、そのブラッシュアップされた訳出は自分の教材にもなると言います。ろう通訳者とペアを組むことは、自分の仕事を奪われることではなく、協働により何倍もの相乗効果をもたらすのだと語ってくれました。

　その後、何度か参加したCITでは、ろう者の通訳を見るだけでなく、必ずろう通訳に関する研究発表がありました。私が直接ろう通訳を見たのは、学会やイベントにおけるステージ上のものばかりでしたが、CITの研究発表を見るに、ろう通訳者が活躍する場面はステージ上ばかりではないようです。米国と日本では、人権や司法手続きに関するシステムや捉え方が異なっていることもあり、日本人としては想像しにくい場面もあります。たとえば、離婚により子どもの親権を決める場合、日本では親が話し合いや司法手続きを行って決定しますが、米国のある州では（米国は州ごとに法律や制度が異なります）子ども自身に親権者を選択さ

まえがき　　7

せるのです。しかし、その子どもがろう児である場合、年齢的な負荷とろうというマイノリティである負荷が二重にかかります。そのような場合は、ろう通訳と聴通訳が通訳を担当して、ろうというマイノリティである不安を軽減しなければならないと規定している州もあるそうです。そのほかにも、精神保健の分野や、脳卒中等による片麻痺の残ったろう者に対する通訳など、コミュニティ通訳におけるろう通訳者の有効性が多数発表されていました。日本でも、特別なニーズを抱えているろう者が通訳を必要とする場合、ろうあ者相談員が通訳補助をすることがあります。しかし、ろうあ者相談員は、通訳の専門的な教育やトレーニングを受けているわけではありません。もちろん、同じろう者から手話で説明されたり相談に応じてもらえるメリットはありますが、ろう者の言語やろう者に関する言語外知識を共有しているろう通訳者が通訳を担うことは、通訳利用者が社会参加する際に大きな力になることは間違いありません。どちらが通訳するかではなく、一緒に通訳するという形態を導入し、通訳利用者の選択肢が豊かになることを願い、本書を発行することにしました。

　本書は、4つの章で構成されています。第1章「ろう通訳ってなに？聞こえないのに通訳できるの？」は、ろう通訳とはなにかという説明、ろう通訳を必要とする人や場面について、海外のろう通訳に関する情報、そして司法通訳とろう通訳の関係について、宮澤典子さん、江原こう平さん、森亜美さんに執筆していただきました。第2章「ろう通訳者の使い方」は、対面による通訳場面、オンラインによる通訳、動画やテレビ放送など、さまざまな場面におけるろう通訳者の働きについて、宮澤典子さん、蓮池通子さん、小林信恵さんに執筆していただきました。第3章「ろう通訳者の資格化」では、海外における資格試験についてや日本における課題について、森亜美さんと木村が執筆しました。第4章は、国内外で活躍するろうの通訳者やろう通訳者と協働する聴通訳者たち

のインタビューとなっています。カナダのナイジェル・ハワード氏（ろう）、イギリスのクリストファー・ストーン氏（聴）、また、米国でソーシャルワーカーとして活躍している池上真氏の取材記事も掲載しています。これらのインタビューや取材にあたっては、寺澤英弥さん、武田太一さん、鈴木美彩さんらに協力していただきました。また、ろう通訳に関するコラムもあり読み物としても満足していただける構成になっていると思います。

木村晴美

用語について

手話通訳者

手指言語（手話言語）と音声言語との間を通訳、または異なる手指言語（手話言語）間を通訳する。一般的には、聞こえる手話通訳者（聴通訳者）を指すが、ろう通訳者も手話通訳者に含まれる。または、全国手話研修センターが実施している手話通訳者全国統一試験や各自治体が独自に実施している手話通訳者登録試験に合格した者で、手話通訳技能認定試験（手話通訳士試験）に合格していない者をいう。

手話通訳士

厚生労働省が聴力障害者情報文化センターに実施を委託している手話通訳技能認定試験（手話通訳士試験）に合格し、聴力障害者情報文化センターに登録することで資格が得られる。手話通訳士は業務独占ではなく、名称独占にとどまっているため、手話通訳士の資格がなくても手話通訳業務は行える。だが、政見放送における手話通訳は手話通訳士のみができるとされることや、雇用条件に手話通訳士という資格が必要とさ

れることがある。ろう通訳者と協働する聴通訳者も、結果的に手話通訳士であることが多い。

手話奉仕員

自治体等が実施する手話奉仕員養成講座を修了した人をいう。手話を習得し、地域の聴覚障害者と手話で会話ができ、地域の聴覚障害者団体の行事への参加や、手話サークル活動への参加等、手話活動を行う人。

ろう通訳者

手話通訳を行う人がろう者である場合に「ろう通訳者」という。英語では Deaf Interpreter（DI）という。資格のあるろう通訳者を CDI（Certified Deaf Interpreter）ということがある。

聴通訳者

手話通訳を行う人が聴者である場合に「聴通訳者」という。英語では Hearing Interpreter（HI）という。

通訳利用者

通訳を利用するコミュニケーションの主体者。双方の使用言語が異なるため通訳が必要になる。

フィーダー

通訳者が2名で通訳する場合、起点言語を通訳してもう一人の通訳者に伝える（フィードする）役割の人をいう。起点言語が音声言語の場合、聴通訳者がろう通訳者にフィードすることが多い。逆に起点言語が手話言語である場合は、ろう通訳者が聴通訳者にフィードすることが多い。手話言語同士の場合、フィーダーはろう通訳者、聴通訳者に限定されない。

CO 通訳
ろう者と聴者の手話通訳者が一体となって協働して通訳することをいう。

コミュニティ通訳
行政窓口や病院、司法機関、学校などで必要な手続きやサービスなどくらしをサポートする通訳をいう。対話通訳の形態をとることが多い。

学術分野における通訳
近年、高等教育機関に進んだり、研究職や専門職に就くろう者が増えている。大学等におる講義や各分野における学会・研究会等における通訳をいう。

手指言語（手話言語）
手の形・動き・位置などによって意味を伝える言語。非手指動作と呼ばれる顔の表情やあごの動きなどが文法的機能を持つ。

音声言語
音声によって意味を伝える言語。

日本手話
日本のろうコミュニティで自然発生し、ろう者の間で継承されてきた手指言語（手話言語）をいう。

日本語対応手話（手指日本語）
日本手話の単語を借りて日本語の言語構造にあわせて表現するものをいう。

言語外知識（ELK：Extra-Linguistic Knowledge）

　その言語を使用する人々に関するさまざまな知識。国の文化、歴史、常識といったものから専門的な知識まで多岐にわたる

ろう通訳ってなに？

新しい手話通訳のかたち

目 次

まえがき　　木村晴美　3

第1章　ろう通訳者ってなに？ 聞こえないのに通訳できるの？

1　ろう通訳者ってなに？　　宮澤典子　19
　　(1) 手話通訳の歴史とろう通訳の必要性　19
　　(2) 聞こえないのに通訳できるの？　23

2　ろう通訳者が必要な人と場面　　江原こう平　29
　　(1) わが国の手話通訳者の状況　29
　　(2) 通訳行為の場面　31
　　(3) 手話通訳者の養成とコミュニティ通訳　34
　　(4) ろう通訳者が必要な人　36

3　世界のろう通訳とろう通訳者　　森 亜美　41
　　(1) ろう通訳養成カリキュラム（アメリカ）　41
　　(2) アメリカのろう通訳者について　43
　　(3) オーストラリアのろう通訳について　50
　　(4) ヨーロッパのろう通訳の状況　53

4　司法通訳とろう通訳者——アメリカの例を参考に　　森 亜美　62
　　(1) NCIEC 概況報告書　62
　　(2) カリフォルニア州における法廷でのろう通訳利用について　64
　　(3) ろう者が被告である裁判のケース（アメリカ）　73
　　(4) これからの日本の司法関係現場に望むこと　74

コラム1●ろう通訳はいつから始まったのか　　蓮池通子　77

第2章　ろう通訳者の使い方

1　対面の場合　　　宮澤典子　78

　（1）診察、面談　78

　（2）講演会、学会　80

　（3）会見・放送　83

　（4）裁判　84

　（5）子どもに対する通訳　86

2　オンラインの場合　　　蓮池通子　89

　（1）通訳実施場所と手話通訳者の位置関係　89

　（2）手話通訳チーム内での通訳方法について　91

　（3）その他の注意点　94

　（4）まとめ　94

3　動画の場合　　　小林信恵　95

　（1）はじめに　95

　（2）動画にろう通訳を付ける　96

4　テレビの場合　　　蓮池通子　103

　（1）番組の放送・収録形態と通訳方法　103

　（2）テレビでの通訳──メリットとデメリット　105

コラム2 ●英国エリザベス女王の国葬と情報アクセシビリティ　　　蓮池通子　107

第3章 ろう通訳者の資格化について

1 海外における資格試験　森 亜美　109
　（1）アメリカの例　109
　（2）オーストラリアの例　117

2 日本における課題　木村晴美　125
　（1）手話通訳者は耳の聞こえる人限定　125
　（2）ろう者は受講できない　127
　（3）ろう者は受験できない　128
　（4）ろう者が手話通訳者として活躍するための制度づくり　132

コラム3 ●デタラメな通訳者と誤解された通訳者の正体（米国の大雪緊急会見）
　　　　　　　　　　　　　　　　　　　　　　　　　　　蓮池通子　136

第4章 世界のろう通訳者、ろう通訳者と協働する通訳者たち

1 ナイジェル・ハワード（インタビュアー：寺澤英弥）　140
　（1）自己紹介　140
　（2）デフリンピックと私　143
　（3）どうしてろう通訳者になったのか？　144
　（4）医療通訳の経験　146
　（5）ろう通訳者として大事にしていること　147
　（6）印象に残っている通訳は　150
　（7）フィーダーとの相性など　152
　（8）ろう通訳のこれから　153

2 クリストファー・ストーン（インタビュアー：武田太一）155
　（1）手話との出会い　155
　（2）ろう通訳者との協働　157
　（3）ろう者が通訳することのメリット　160
　（4）聴通訳者はパートナー　163
　（5）ろう通訳者と息を合わせるには　166
　（6）ろう通訳者から学んだこと、コストのこと　167
　（7）WASLI とろう通訳、将来への期待　169
　（8）おわりに　172

3　池上 真──自身もろう者である専門職から見たろう通訳者の姿
　　　　　　　　（取材・インタビュアー：鈴木美彩、編集協力：蓮池通子）174
　（1）ホープ・ハウスの通訳現場　174
　（2）ジェームズ・スミスさんとソレン・スカンロンさんのチーム　175
　（3）スミスさんの経歴　177
　（4）デビッド・カウアンさんとジョン・シャイブさんのチーム　178
　（5）プロフェッショナルとして　180
　（6）専門職たる通訳者の姿勢とは？　181
　（7）池上さんが経験したろう通訳者との現場　183
　（8）ホープ・ハウスでの体制づくりに奔走　185
　（9）ろう通訳者の存在意義　186
　（10）ろう通訳者について　187
　（11）おわりに　189

あとがき　木村晴美　191

| 第1章 | # ろう通訳者ってなに？
聞こえないのに通訳できるの？ |

1　ろう通訳者ってなに？

宮澤典子

（1）手話通訳の歴史とろう通訳の必要性

　近年、「ろう通訳」「ろう通訳者」という言葉を見聞きするようになりました。「ろう通訳者」とは、ろうの手話通訳者のことです。なぜ、わざわざ「ろう通訳者」と表現するのでしょうか。それは、従来、手話通訳者は聴者であることが定番だったからです。

　日本手話の誕生は、1878（明治11）年の京都盲啞院開設からと言われています。その後、各地にろう児のための学校が設立されていきます。それまで点在していたろう児が集団となり、それぞれが使用していたホームサインが接触することで、言語として形作られていきました。ろう学校を卒業したろう者たちは、ろう学校ごとに同窓会を設立し、ろう者のコミュニティを作っていきました。ろう学校や同窓会といったろうコミュニティは、日本手話の継承の場となりました。

　しかし、ろうコミュニティは常に日本語話者の集団と接触しています。ろう児やろう者の周囲には、ホームサインや日本手話の意味を理解し日本語に変換してくれる人、または日本語で語られたことをホームサインや日本手話で話してくれる人がいました。いわゆる通訳をする人です。

それができたのは、ろう児やろう者の家族やろう学校の教師、または日本語が堪能なろう者でした。しかし、彼らは通訳教育を受けたわけではありませんでした。ろう者の身近にいて、日本語と日本手話を理解し使用することができたので、必要に応じて二言語を仲介する役目を担っていました。

　ろうコミュニティが、公的な手話通訳者を求めるようになったのは、1950（昭和25）年からです。その前年に、身体障害者福祉法が制定され、全国に福祉事務所を設置し、福祉措置の窓口として身体障害者福祉司を置くことが義務付けられました。しかし、せっかく置かれた身体障害者福祉司と手話で話せなければ、ろう者の要求や相談を伝えることができません。そこで、当時の全日本聾唖連盟の連盟長であった藤本敏文は「福祉司たるべき仁は……（中略）……少なくとも聾唖者に関する限りわれわれをよく理解しよく手話を駆使し、直接聾唖者の心情を掴み得る仁人でなければならない」と提起し、1950（昭和25）年の全国ろうあ者大会において決議したのです。その要求は、のちに「すべての公共機関に手話通訳を」と変化し、継続していきます。その後、1961（昭和36）年に、ろう夫婦の人生を描いた映画「名もなく貧しく美しく」が上映され、手話で話すろう者の認知が少し広まりました。以後、手話ができる福祉司の採用が進み、1963（昭和38）年以降の手話サークルの誕生により、手話を学び手話通訳をする聴者が増えていきました。

　そして、日本における手話通訳が公的なものとして始まったのは、1970（昭和45）年の手話奉仕員養成事業からです。当時は「通訳者」ではなく「奉仕員」を養成する事業で、まず公費で手話を教える機会が確保されました。「聴覚障害者福祉に熱意のある主婦等」に呼びかけ、手話を学ぶ講座が展開されたことにより、受講者は聴者ばかりとなったのです。このようにして、奉仕員養成講座の修了者（聴者）がその後手話通訳を担うようになります。そして、当たり前のように手話通訳者＝聴

者という構図が定着しました。

　一方、音声言語の通訳の世界では、「into 母語」が基本であると言われていた時代がありました。たとえば、日本語と英語の通訳においては、日本語母語話者が英語から日本語への通訳を担当する、第二言語から母語（第一言語）に通訳することが望ましいという考え方です。実際には、一人の通訳者が双方向の通訳をすることになりますが、通訳者にとっては、第二言語から母語に通訳するほうが精度の高い通訳をすることができます。また、通訳利用者にとっても、自分と同じ母語話者の訳出のほうが滑らかで理解しやすいものです。日本語母語話者にとっては、外国人の日本語よりも日本人の日本語のほうが聞きやすいと感じますね。それは発音が自然で聞きやすいことと、わかりやすくしっくりくる表現をしてくれるからです。つまり、手話通訳利用者の聴者は、音声言語を母語とする聴通訳者の訳出が受容しやすいし、ろう利用者にとっては、手話母語話者の訳出が受容しやすいということです。しかし、ろう者は通訳をする側ではなく、通訳利用者側に置かれてきました。それは、通訳で使用する日本語を音声日本語に限定して考えていたからです。そのため、手話通訳者は音声日本語に対応できることが条件になりました。その結果、ろう利用者は、手話を第二言語とする聴通訳者の訳出だけを受容せざるを得ない状況になりました。

　また、訳出（目標言語の表出）のみならず、起点言語の理解という面においても、母語話者同士のほうが理解しやすいと言えます。その発言がなにを意味しているのか、どのような知識や概念に基づいて発言されたものなのか、母語話者同士は理解し合うことができます。特に、言語的少数者であるろう者の発言は、ろう者ならではの経験や知見に基づいたもので、第二言語として手話を学習した手話通訳者にとっては理解しきれないことも少なくありません。その点、ろう者同士ならば、その経験や知見など言語外知識を共有しているため、理解しやすいと言えます。

第1章　ろう通訳者ってなに？　聞こえないのに通訳できるの？　21

このように母語話者が通訳を担うことのメリットを実現させるために登場したのが「ろう通訳者」です。かねてより、ろうコミュニティでは、ろう者同士の情報サポートが自然に行われてきました。ろう学校で先生の話がわからない生徒に他の生徒がわかりやすく説明を加えたり、講演会などで通訳がわかりにくいときに、ろう者同士で内容のすり合わせを行ったりする光景はよく見られます。ろう者同士であれば、なにがわからないのか、どのように説明すればわかりやすいのかを把握しているからできることでしょう。つまり、ろう利用者にとっては、ろう通訳者が通訳してくれる場合は、自分の言いたいことをきちんと理解してくれるし、訳出されたものも理解しやすく、通訳の満足度が高まるということです。もうひとつの視点は、ろう者（手話話者）がマイノリティであるということです。手話通訳の場は、ろう者（手話話者）と聴者（音声言語話者）と通訳者という三者で構成されます。通訳者はもちろん二つの言語を使用しますが、通訳者が聴者である場合は、ろう者にとっては聴者に囲まれている中にろう者は自分一人という孤独感が拭えないものです。その通訳場面が、医療だったり、相談だったり、司法手続きだったりと、聴者とろう者の社会的立場に上下関係がみられるような場合は、ろう者の孤独や不安は増大します。そのようなときに、自分と同じろう者がいれば、孤独や不安は減少し、心理的にも落ち着いて通訳を受けることができます。言語的にも心理的にも対等な立場に近づけるという、単に言語的に保障されるというメリット以上の効果があるわけです。

　もちろん、言語が操れるから通訳ができるというわけではありません。ろう者であるとか手話ができるという条件だけで通訳者を名乗ることはできません。通訳をするにはしかるべき教育を受けて技術と知識を身につけることと、しかるべき資格試験に合格し技量を認定されることが必要です。日本では、聴者限定とはいえ、手話通訳の質の向上を求め、養成と認定のシステムを構築し内容のバージョンアップを図ってきました。

今では無資格の通訳者を利用することはほとんどありません。欧米では、資格を重要視する傾向がより強いためか、数十年前からろう者に対する通訳の養成と資格制度の構築が始まりました。今では国際会議や放送、学会など公開の場面で活躍するろう通訳者の姿を目にすることが増えましたが、実は公開されない通訳場面、司法手続きや精神保健の分野、初等教育や高齢者施設などさまざまな場面において、たくさんのろう通訳者が活躍するようになりました。ろう者による通訳が求められている証と言えます。

(2) 聞こえないのに通訳できるの？
ろう通訳者と聴通訳者の協同作業

手話通訳の利用者は、一方が手話話者で、もう一方が音声言語話者です。そのため、これまで手話通訳者は音声言語を聞くことができ、かつ音声言語で訳出できる人が必要だと考えられてきました。では、ろう通訳者はどのように通訳を提供するのでしょうか。場面によっていくつかの方法があります。

基本的には、聴通訳者が音声言語による発言を聞き、ろう通訳者に向けて手話で伝達（フィード）します。そしてろう通訳者は聴通訳者の手話を見て、ろう者に向けて手話で伝えます。ろう者の手話による発言はろう通訳者が見て、聴通訳者に向けて手話で伝達（フィード）します。

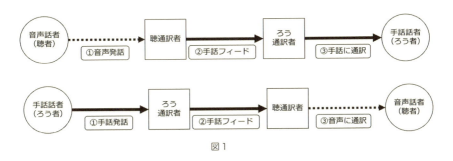

図1

そして聴通訳者はろう通訳者の手話を見て、聴者に向けて音声言語で伝えます（図1）。

もう一つは、サイトトランスレーションという方法です。サイトトランスレーションとは、文字表記された文章を読みながら別の言語で訳出する方法のことです。NHK手話ニュースなどは、日本語文の原稿を読みながら手話で表出するサイトトランスレーションです。外国のニュースに登場するろう者も同様の手段で通訳することが増えました。事前に準備された原稿を読みながら訳出するのは通訳ではなく翻訳に分類されるかもしれません。しかし、国際会議や学会においては、ろう通訳者が音声言語による発言を即座に文字化したものを見ながら手話通訳する方法も登場してきました（図2）。

また、ろう者の世界もグローバル化が進み、日本手話とアメリカ手話やIS（国際手話）の通訳というように、起点言語も目標言語も手話言語である通訳も増えてきました。起点発話や目標発話が音声に限定されず視覚的に受容・表出できれば、通訳者の「聞こえ」が必要条件ではなくなるということです。

しかし、通訳は発話の受容と表出だけでは済みません。先述のように、

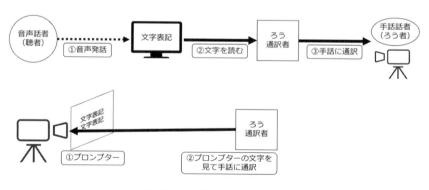

図2（サイトトランスレーション）

発話の内容を正確に理解すること、受信者にわかりやすく適切に訳出することが必須であると考えるならば、それぞれの言語の母語話者が通訳者として一番適任であると言えます。そうすると、ろう者のことがよくわかるろう通訳者と、聴者のことがよくわかる聴通訳者がタッグを組めば、それは最強の通訳チームになるということです。「通訳者」同士は、通訳者の頭のなかでどのような通訳プロセスが進行しているのかを理解し合うことができます。さらに、通訳倫理や通訳者としてどのような行為をすべきかという知識とスキルを共有しているため、お互いをサポートしながら的確で充実した通訳を展開させることが可能になります。

　たとえば、聞こえる医師とろうの患者の診察等の通訳場面では、医師の音声言語による発話を聴通訳者が聞き取ります。その際、聴通訳者は、医師が使用する言語と文化の知識、また医療に関する知識を使って、発話の意味や意図を解釈します。さらに医師の表情や態度、音声の様子からさまざまな情報を取得します。そして、それらを手話でろう通訳者に伝達（フィード）します。ろう通訳者は、聴通訳者の手話表現を見て、医師の発言に込められた意味と意図、ニュアンス等を理解し、それらをろう患者が正確かつ十分に理解できるような手話表現に組み立てて表出します。逆に、ろう患者の手話による発話は、ろう通訳者が読み取ります。その際、ろう通訳者は、ろう患者のパーソナリティを考慮して、その発話の意味と意図を解釈します。そして、それらを聴通訳者が理解しやすい手話で聴通訳者に伝達（フィード）します。聴通訳者は、ろう通訳者が表現した手話からろう患者が伝えたいと思っていることを理解し、医師に音声言語で伝えます。または、聴通訳者がろう患者の発話の意味と意図を正確に理解できた場合は、ろう通訳者の伝達（フィード）を待たず、直接医師に音声言語で伝えることもあります。

　聴通訳者とろう通訳者の間で伝達（フィード）が行われる際、通訳者同士は、原発言に込められた意味と意図、ニュアンスなどさまざまな情

報項目のうち、重要不可欠であると判断した項目を的確かつ簡潔に伝えます。ここで、通訳者同士の知識と技術の共有割合が高ければ高いほど、簡潔な表現で膨大かつ的確な情報項目を伝達し合うことが可能になります。また、通訳パートナーがなにをしようとしているか、なにを求めているかを理解し的確に行動できるようになります。それは「通訳」の専門家同士だからこそ成しえることです。その協働において、通訳者はお互いを補完し合いながら、利用者にとって効果的な通訳を提供するのです。このようにろうの通訳者と聴通訳者が連携して通訳することを「CO通訳」といいます。

ろう通訳者とろうあ者相談員の違い

　ろう者はマイノリティであるがゆえに、聴者仕様の社会で生きにくい状況におかれています。最近は、情報アクセスを保障する法律[1]や意思疎通を支援する法律[2]が制定され、環境整備が進みつつあるとはいえ、周囲の聴者とまったく同等に生きられるには至っていません。生活上のさまざまな問題を解決するには、ケースワーカーやソーシャルワーカーなど専門家の支援が求められます。しかし、問題の原因がろう者のマイノリティ性にある場合、聴者の専門家ではなかなか理解しえないことも少なくありません。そこで、1963 年以降、自治体や聴覚障害者情報提供施設などで「ろうあ者相談員」（名称は設置先により異なる）が配置され、ろう者の相談支援にあたる体制が作られました。マイノリティであるろう者ならではの困難さを理解でき、ろう者ならではの要求を理解し支援できるろう者たちです。藤本敏文が「少なくとも聾唖者に関する限りわれわれをよく理解しよく手話を駆使し、直接聾唖者の心情を掴み得る仁人でなければならない」と求めた福祉司のろう者版と言えます。

　聴通訳者だけでは対応しきれない、ろう高齢者や不就学のろう者を相手にした通訳や、精神疾患のある患者の通訳などで、ろうあ者相談員が

ろう利用者と通訳者の間に入って通訳を支援することがあります。ある意味でろう通訳としての行為です。では、ろうあ者相談員がいれば、ろう通訳者は不要なのでしょうか。決してそうではありません。なぜなら、ろうあ者相談員は相談業務を担う人であり、通訳の専門家ではないからです。

　ろうあ者相談員は、そもそもろう者のことをよく理解できる、ピアカウンセリングの効果を求めて位置づけられました。近年はようやく、大学等で社会福祉士や精神保健福祉士等の資格を取得したろうソーシャルワーカーも増えてきましたが、以前は高等教育界の壁により、ろう者が大学に入学したり資格を取得したりすることは困難でした。そのため、ろうあ者相談員はソーシャルワークの専門家というよりも、ろう者に関する専門家という位置づけが強いように思います。ろうあ者相談員は、ろう相談者のことをよく理解し、ろう相談者とともに課題解決のための方策を考えます。そこで行われるのは、ろう相談者の話を聞き、そこから問題の原因を考え、問題解決のための手立てを提案したり、共に検討したりという作業です。相談員は自らの知見に基づき、自分の意見を相談者に伝え、相談者の次の一歩を引き出していきます。このように、ろうあ者相談員は相談員自身と相談者の意思のやり取りを行います。

　一方で、通訳者は原発話の受容とその訳出において、発話者や受信者とやり取りしますが、基本的に通訳者自身の意見を訳出に含めることはありません。通訳とは、あくまでもコミュニケーション当事者同士の発話を届けるものです。もちろん、発話を理解する際やそれを訳出する際には、ふたつの言語とその言語話者に関する知識、話題に関する知識など、通訳者が所有する言語知識と言語外知識をフルに運用します。それでも、通訳者自身の意見が訳出に入り込むことはなく、あくまでも原発話に忠実に進行します。発話者や受信者の思考を自分のもののように理解したり表出したりしながらも、通訳者自身の意見は表に出さない分別

とスキルが必要だといえます。相談員が相談者の訴えを受容しながら、自身の意見を織り交ぜつつ問題解決に向かうのとは対極の行為であるといえます。もちろん通訳を進行する際に、通訳者の意見を通訳利用者に届ける必要が発生することはよくあります。近年は、通訳者もコミュニケーション参画者となって通訳を進行させるモデルが良いと考えられることも増えました。それでも、通訳者の意見は通訳者の意見として表明されるのであり、訳出に含まれることはありません。また、通訳の領域や場面によって通訳のあり方は異なっており、その都度、通訳者が繊細に対応していることは言うまでもありません。

■注
 1 「障害者による情報の取得及び利用並びに意思疎通に係る施策の推進に関する法律」（令和 4 年 5 月 25 日法律第 50 号）
 2 「障害者の日常生活及び社会生活を総合的に支援するための法律」（平成 17 年法律第 213 号）

2 ろう通訳者が必要な人と場面

江原こう平

(1) わが国の手話通訳者の状況

　私たちがニュースなどで耳にする外国語の音声通訳では2つの言語と文化を理解する者が通訳を担っています。話し手の発話となる起点言語が外国語で、聞き手の言語となる目標言語が日本語となり、外国語から日本語に訳出される場合やその逆のパターンがあります。近年、海外の大統領や首相の演説や会見、国際的なイベント等の様子が日本で放送される場合、日本語が第一言語の通訳者（日本人だと思われる通訳者）の音声を聞く機会が多いのではないでしょうか。聞き手となる日本語話者の私たちにとって日本語の発音やイントネーション・文法・用法などのエラーが少なく、それほど違和感なく聞くことができます。それは、聞き手の頭で「話し手は何を言いたいのだろうか？　きっとこういうことを言いたいのではないだろうか」と再翻訳・再現する必要がない場合が多いからでしょう。通訳者として求められる言語力や通訳力のみならず、そのテーマに関する知識を入念に下調べし、聞き手と話し手の立場や関係性を理解したうえで通訳するなど、専門性をもつ通訳者が担っているからこそ、聞き手も訳出された日本語を安心して聞くことができるのです。

　皆さんは講演での講師の話や、会議等の話者の発言を通訳の音声を介して聞いたことはありますか。また、海外旅行に行ったことがあるなら、ツアーコンダクターや現地ガイドに通訳をしてもらい（アドホック通訳者に）言語・コミュニケーション面で助けてもらった経験がある人もいると思います。そういった時、自分の第一言語を流暢に話してくれ、不安な状況を理解し、時には自身の日常とは異なる状況や不安な気持ちに寄り添ってくれるような通訳者に信頼・信用を寄せることが多いのではないでしょうか。

一方、手話通訳の世界では、多くの場合、日本語が第一言語の手話通訳者が活躍しています。本書の中心的な内容となっている第一言語が手話であるろう者による手話通訳では、現状、通訳トレーニングを受けた一部のろう者が一部の通訳場面を担っています。東京オリンピック・パラリンピック等のテレビ放送でその活躍を目にした人も多いのではないでしょうか。

　近年、多様性を認める社会、インクルーシブ社会・共生社会の実現のために人々の意識や行動も少しずつですが変化していることを実感します。ろう者が一人ひとり尊重され、主体的に生きることができるよう、ひと昔前と比べると社会環境が大きく改善されつつあります。しかし、これまで長い間、ろう者の言語である手話は否定され、日本語よりも劣る言語であるとの見方がありました。ろう者はかわいそうで気の毒な人たちであり、聴者や聴者社会の中で我慢しながら生きること、聴者に可愛がられながら生きることを当たり前のように求める時代があったのです。ろう者は社会的弱者であり、主に社会福祉の客体的な対象として見られてきました。手話通訳の対象はろう者と聴者ですが、ろう者が手話通訳者を依頼し、通訳が必要な場面に手話通訳者に来てもらうことが当たり前という考え方が主流でした。家庭や教育現場、地域や仕事などあらゆる場面で障壁が立ちはだかっていました。そういったこともあり、各地域で活動する手話通訳者はろう者の共同の権利主張者、通訳現場の担い手だけでなく社会活動家としての立場を求められてきたのです。「基本的人権の尊重」をその原則の一つとした日本国憲法が制定され75年が過ぎた現在も、この社会には多くの社会的障壁が存在しており、今後も真の意味での対等・平等な社会の実現を求め、声をあげていかなければなりません。

　そういった歴史的背景もあり、マジョリティ側にいる聴者を対象に手話通訳者の養成が行われてきました。手話から日本語に訳出するだけで

なく、日本語から手話に訳出する通訳も聴者が担うことが一般的であり、当たり前のようにされてきました。

　2006年に国連で「障害者権利条約」が採択され、わが国でも2014年に批准されていますが、この条約はろう者を取り巻く環境改善に大きな力を発揮しています。障害に基づくあらゆる差別の禁止や、合理的配慮の義務、ろう者がこの社会にいることを前提とした環境を整えようとする環境整備などいわゆる「社会モデル」や、誰もが権利の主体であると捉える「人権モデル」の考え方が広がってきました。

　これまで、ろう者に対しては、行政や有識者がろう者の声を十分に反映しないまま決定した施策や制度を元にその恩恵を受ける受益者という見方がありました。しかし、今後は施策や制度の設計者として当事者の立場で主体的に参画していくことが必要です。手話通訳の世界においても手話を第一言語とし、通訳としての倫理・知識・技術を持つ「ろう通訳者」が活躍することが求められているのではないでしょうか。

(2) 通訳行為の場面

　手話通訳者が通訳行為を行う場面は、大別すると、日常生活の場面を中心とする通訳と、専門領域の場面を中心とする通訳があります。

　医療場面などろう者の日常生活領域に対応する社会福祉としての事業、障害者差別解消の取り組みとして、ろう者の申し出により可能な限り対応するとされる合理的配慮、手話を第一言語・コミュニケーション手段とするろう者がこの社会に暮らしていることを前提に社会環境を整える環境整備を元に、手話通訳者が配置されています。また、2021年からは公共インフラとして電話リレーサービスの事業が開始されています。

社会福祉事業（日常生活領域）

　「障害者総合支援法」に基づく「意思疎通支援事業」として、自治体

（市区町村および都道府県）が事業を実施しています。ろう者等の申請に基づき手話通訳者（自治体等に登録しているか雇用された手話通訳者）を派遣しています。事業者に委託して事業を実施している自治体もあります。派遣対象とする内容は自治体の定めにより異なりますが、多くの自治体では以下の内容を派遣対象としています。

- 医療に関する場面：病院など医療機関での受診・検査・入退院など
- 司法に関する場面：警察署での相談や手続き、裁判所（民事裁判など）、弁護士との相談など
- 行政サービスに関する場面：自治体が行うサービスや、社会福祉サービスの相談・手続き・利用など
- 労働に関する場面：就職面接など（採用後は企業・事業所等の責任で「障害者雇用促進法」などにより手話通訳者を配置）
- 住居に関する場面：公営住宅、アパート、マンション、家の相談・契約・入居後の手続きなど
- 子育て・子どもの教育に関する場面：育児、保育、学校行事など
- 文化教養に関する場面講演、講座、資格取得など（合理的配慮や環境整備により、主催者等が手話通訳者を配置する場合もあります）
- 家庭や地域での生活に関する場面：家族、親族、自治会、居住地域での活動、冠婚葬祭など
- その他の生活に関する場面：金融機関での手続き、各種保険の相談や契約、税金・年金の相談など

専門領域場面

「合理的配慮」や「環境整備」により、企業・事業所・団体等が手話通訳者を配置しています。企業・事業所・団体等は、雇用している手話

通訳者を配置させるか、手話通訳者を派遣している自治体・社会福祉協議会・聴覚障害者情報提供施設・手話通訳派遣団体、フリーランスの手話通訳者等に依頼し、手話通訳者を配置しています。

・高等教育場面【教育通訳】：大学等
・司法場面【司法通訳】：警察・検察・裁判所・弁護士の活動・入国
　　　　　　　　　　　　　管理局等
・研究・学術場面【学術通訳】：会議、学会等
・労働場面【ビジネス通訳】：会議、研修等
・講演会・イベント場面【講演通訳】：市民を対象とした講演・講
　　　　　　　　　　　　　　　　　　義・イベント等
・テレビ・放送場面【放送通訳】：ニュース・報道・広報番組・コマ
　　　　　　　　　　　　　　　　　ーシャル等
・政治活動場面【政治通訳】：政見放送・街頭演説・議員活動等
・スポーツ場面【スポーツ通訳】：アスリートの活動全般・競技や大
　　　　　　　　　　　　　　　　　会参加等
・エンターテイメント場面【エンタメ通訳】：娯楽的なイベント等
・芸術・舞台場面【芸術・舞台通訳】：美術・演劇・映画等

電話リレーサービス

通訳オペレーターがろう者（手話・映像）と、聴者（音声・電話）の通訳を行います。

手話通訳者は、ろう者のすべてのライフステージ（年齢・生活段階）において、それぞれの生活・社会領域での通訳をしています。手話を第一言語としているろう者や、手話をコミュニケーション手段としている中途失聴者・難聴者等も通訳対象者となる場合があり、手話ができず日

本語を言語・コミュニケーション手段としている聴者をもう一方の対象者として通訳を行います。

どの場面でも通訳をするということに変わりはありませんが、扱われるテーマや内容だけでなく、通訳対象者の知識・共通認識の差の大小や、対話型・スピーチ型、通訳対象者の相互作用の影響などにより、求められる倫理や知識、通訳方法なども異なります。また、場面ごとに通訳者に求められていることも異なるため、起点言語から目標言語への翻訳力や、目標言語への訳出、その場でどのようにコミュニケーションや場の調整をするか、どの程度コミュニケーションに介入するかなどの度合いも異なり、ろう者・聴者・通訳者相互の影響も異なります。

これまでは多くの場面で、通訳対象であるろう者と聴者、手話通訳者が同じ空間にいながら通訳をする、対面通訳型がメインでした。しかし、近年ICT技術の進歩や、コロナ禍で感染リスクを減らすため、さまざまな場所や時間で利用することが可能な遠隔手話通訳・動画配信型などの画面通訳型での通訳も増えています。

(3) 手話通訳者の養成とコミュニティ通訳

多くの手話通訳者は、まず市町村等で実施される手話奉仕員養成講座を受講した後、都道府県等で実施される手話通訳者養成講座を受講し、手話でのコミュニケーション力や日本語力、手話通訳者として必要な技能を習得することになります。厚生労働省が定めた「手話奉仕員及び手話通訳者の養成カリキュラム」（1998年）や、「手話奉仕員及び手話通訳者の学習指導要領」（1999年）を元に、全国で手話奉仕員や手話通訳者の養成が行われています。なお、2023年に上記の養成カリキュラムや学習指導要領が改定され、養成に必要とされる最低限の時間数は手話奉仕員養成が70時間（実技60時間・講義10時間）、手話通訳者養成が113時間（実技99時間・講義14時間）となっています。

現在、自治体等に登録している登録手話通訳者は、民間団体である社会福祉法人全国手話研修センターが実施する手話通訳者全国統一試験等の手話通訳認定試験に合格した者としている自治体が多く、この試験は2001年より同センターが実施団体となり、各都道府県（大阪府を除く）で毎年12月に統一的に実施されています。

　厚生労働省が定めた上記の養成カリキュラムは、地域における日常生活場面での手話通訳を行う者を育成する内容が中心となっています。日常生活場面の通訳は、いわゆるコミュニティ通訳として捉えることができます。

　これ以外にも厚生労働省公認資格である手話通訳士資格（手話通訳技能認定試験）があります。手話通訳士の資格を持つ者が日常生活場面の専門性の高い内容の通訳や、専門領域の場面の通訳を担っていることが多いのです。なお、手話通訳者全国統一試験に合格して自治体に登録している手話通訳者や、手話通訳士の資格を持つ手話通訳者は現段階では聴者のみとなっています。

　コミュニティ通訳の特徴
　①高い語学力
　②優れた通訳スキル
　③知識と教養
　④異文化に対する正しい認識
　⑤倫理に対する理解と遵守
　⑥精神のバランスと人生経験

　水野（2008）はコミュニティ通訳の特徴として上記6項目を挙げています。ろう通訳者はフィーダー（聴者の手話通訳者）がろう通訳者に向けて伝達（フィード）された手話を見て通訳します。また、ろう者が表

第1章　ろう通訳者ってなに？　聞こえないのに通訳できるの？　35

出する手話をろう通訳者が見て、聴通訳者に向けて手話で伝達（フィード）する場合もあります。このようにろう通訳者は手話を言語内翻訳しているのです。上記のような高い倫理・知識・技術があれば、ろう者も通訳をすることは可能です。手話を第二言語とする聴者と比較すれば、手話を表出する力や手話を見て理解する力は手話を第一言語とするろう者の方が高いことは明らかです。

　ろう者の言語行動や生活様式などについての正しい認識を持ったうえで通訳することが求められますが、それがマジョリティ側にいる聴者としての認識であり、ろう者の認識との違いに気づかされることもあります。

　現在の手話通訳人材の課題として、高年齢化・若い人のなり手が少ないこと・技能向上の必要性などが挙げられています。社会福祉法人全国手話研修センターが実施した「手話奉仕員及び手話通訳者養成事業の現状把握と課題整理事業』（2022）の登録手話通訳者調査結果を見ても、手話通訳上の技術について、多くの手話通訳者が不安を抱えながら通訳をしている実態があります。そういったさまざまな課題を改善する一つの手立てとしても、手話通訳の担い手としてのろう通訳者の活躍が期待されます。

（4）ろう通訳者が必要な人

　聴者の手話通訳者は、当然のことながら、ろう者として暮らしたことや、手話を第一言語とする立場で物事について思考したり行動をした経験はありません。同じ立場で同じ経験をしたことがないこともあり、通訳対象者や状況を観察し、想像力を働かせながら通訳をします。

　一方、ろう通訳者はろう者の立場で同じあるいは類似の経験を持っていることが多く、だからこそ通訳利用者の視点やニーズに合わせた通訳ができるのかもしれません。つまり、通訳利用者や社会がろう通訳者を

望むニーズがあれば、そこがろう通訳者の活躍の場であると考えて良いのです。

　私自身のこれまでの通訳経験でいうと、通訳対象者の話の意図や意味を十分に汲むことができなかったり、理解するのに時間がかかってしまったりして、通訳対象であるろう者や聴者が期待するような良い通訳ができなかったこともあります。自分自身の通訳力のなさに忸怩たる思いもありますが、ろう通訳者がいることで、聴者の手話通訳者にとっても、通訳を利用するろう者や聴者にとっても、より良い通訳となるのではないかと考えています。

言語、コミュニケーション、障害別
・盲ろう者
　目（視覚）と耳（聴覚）の両方に障害がある盲ろう者は、盲ろう者向け通訳・介助員を利用して言語保障・情報保障・コミュニケーション保障を受ける場合があります。盲ろう者との日常的なコミュニケーション、通訳、移動介助を行うに際し、必要な知識及び技術を習得している者として、通訳・介助員を派遣している事業所にろう者が登録し、通訳・介助員を担っていることもあります。

・ろう重複障害者
　主に知的障害等をあわせもつろう重複障害者の場合、知的レベル・成育歴や生活経験・社会経験などの人生や生活の背景を理解し、より伝わりやすい通訳を意識しなければなりません。また、ろう重複障害者が何を言いたいのか十分に理解したうえで通訳をしなければならないのですが、さまざまな日常生活場面で通訳者としての力量不足を感じることも多く、多数のろう者との関わりを持つろう通訳者の方が、利用者の理解力やどんな通訳の仕方だと伝わりやすいのかについての見立てを立てや

すく、言いたいことを理解しながら通訳することができるのではないでしょうか。ろう重複障害者をよく知る親族や支援者と協働しながらろう通訳を活用することも有効な手段だと思います。

・手や指、腕に障害や欠損があったり何らかの理由により片手で手話をするろう者

　特に、音韻（手型・位置・動き）に注意をしながら手話を正確に読み取り、日本語に訳出していく必要があることから、高い音韻処理能力が求められます。手や指・腕に障害や欠損があるろう者や、それらの部位の怪我をしているろう者、何らかの事情により片手で手話を表出しているろう者の手話の音韻を認識することが難しい場合があり、手話を第一言語とするろう通訳は、手話が第二言語である聴者よりも音韻処理能力が高いため、このようなろう者を対象とする場合、ろう通訳の方が正確に手話を理解することが可能であることが多いと考えられます。

ライフサイクル別
・学童・児童期（ろう児）

　大人であれば自分の立ち位置や、話をする対象者や場面を考え、レジスターやスタイルを意識して話をすることができるのですが、聴者の子どもが話す日本語と同様に、ろう児もそれらを意識した話し方ではない場合があります。生活経験や社会経験も少ない中で表出される手話を正確に理解し、通訳をすることが求められ、ろう通訳者が担う方が適切な場合もあります。

・高齢期

　高齢期を迎えたろう者の中には、介護認定を受けていたり認知症があるろう者なども存在します。身体動作や理解力が低下する場合もありま

す。ろう高齢者が何を言っているのか、どのように聴者の話を通訳したら伝わるのか慎重さが求められる場合も多いのです。

アイデンティティや生育・生活背景

・不就学のろう者や、社会やろうコミュニティと関わりが少ないろう者

不就学のろう者や、社会やろうコミュニティと関りが少ないろう者は、一般的なろう者とは異なる手話を表出したり、個別性の高い意思伝達手段を用いる場合もあります。これまでの生活経験・社会経験などと結びつけながら通訳をしていく専門性の高い通訳が求められることも多く、言語レベルや知識レベル等を慎重に観察しながら通訳していかなければなりません。そういった場合、多くのろう者との関わりを持つろう通訳者の方が、通訳利用者に伝わりやすい通訳ができるのではないかと考えられます。

・相談場面、意思形成支援・意思決定支援・意思表出支援が必要なろう者、聴者とろう者の力（少数言語話者としてのろう者・場面における知識）の差などを感じやすい場面、司法場面

上記のような場面や通訳対象者の多くは、不安を抱えたり、精神的にも不安定な場合もあります。また、自身が考えていることを整理したり、人生のさまざまな場面で何かを決めなければならなかったり、考えていることを相手に分かるように伝えることができないろう者もいます。会話が聴者のペースで進むことも多く、質問の意図の理解や、回答の妥当性に不安を持つろう者もいるのです。そういった場面や対象者に対しては、その場面や対象者に合わせた言語を使用できるろう通訳者の方が、ろう者が安心して通訳を利用できる環境を作ることができたり、ろう者の立場や言いたいことをきちんと汲むことができることもあると考えら

れます。また、司法場面では導管モデル・水路モデルと言われる通訳が求められるとされていますが、日本語を手話にする場合にどのような翻訳が良いのか、対象となるろう者が表出する手話をどのような日本語にするか迷うことも多く、そのような場合、手話を第一言語とするろう者と協働した通訳をした方がより正確でろう者にとって安心感を持つ通訳ができると考えられます。

■文献

水野真木子 2008『コミュニティー通訳入門──多言語社会を迎えて言葉の壁にどう向き合うか…暮らしの中の通訳』大阪教育図書

3　世界のろう通訳とろう通訳者

森　亜美

　世界的には「ろう通訳」はどのように位置付けされているのでしょうか。各国ごとに定義はまちまちのようですが、どの国にもろう通訳といえる通訳は存在しています。アラブ諸国にもろう通訳者が数パーセントいるというデータもあり、どのような形式であれ、ろう者がろう者のために通訳または翻訳するという現象はどこにでもあります。ただ、それを専門職とし報酬を得ている国は発展途上国ではまだ見られません。例えばフィリピンなどでは、アメリカに留学しアメリカ手話を習得したろう者が、自国で開催されるろう関係の国際会議で通訳するケースが多いようです。国際手話を習得したろう・難聴者がデフリンピック等で通訳者として同行するのは日本にもあることですが、報酬はボランティア並みということもあります。

　例えばアメリカやオーストラリアのように多様な人種で構成される国では、それぞれの言語の通訳が必要という認識が強く、制度化および資格化がされています。手話通訳についても同様です。さらに、ろう通訳についても、当事者の立場に立った通訳が必要な場合はろう通訳を利用する必要があるとして、資格化されています。アメリカの場合はろう通訳教育用に「ろう通訳養成カリキュラム」が作られています。まずそれを紹介しましょう。

(1) ろう通訳養成カリキュラム（アメリカ）

　コミュニティ通訳者としてのろう通訳者養成のためのカリキュラムが全米通訳教育センター連合会（NCIEC）[1]によって作成されています。ろう通訳者を目指すために習得すべきことが広範囲にわたって網羅された充実したカリキュラムで、ろう通訳者養成を目的としたワークショッ

プ、クラスで使われています。

　この「ろう通訳カリキュラム2016年版」(Deaf Interpreter Curriculum 2016を日本語に訳したものです）はNPO法人手話教師センターのサイトでご覧いただけます。右のQRコードよりアクセスしてください。

カリキュラムの構成
　下記の6つの編を柱としています。

・第1編：ろう通訳者——過去、現在、未来
　ろう通訳者に必要な知識やスキルとは何かについて、ろう通訳の歴史を振り返りながら学んでいきます。また、ろう通訳者を目指す自分のこれまでの体験が、いかにろう通訳に影響するかについても考えていきます。

・第2編：ろうコミュニティ内の人権、文化の多様性
　ここではアメリカの多様な民族、人種を取り上げています。偏見やステレオタイプについて自己分析を行いそれがろう通訳者の仕事にどう影響するかを考えていきます。

・第3編：通訳利用者の把握——文化、言語、コミュニケーションスタイルの確認
　ろう通訳を利用する人たちの特性を認識する方法を学び、効果的なろう通訳にどう結びつけるかを考えていきます。

・第4編：ろう通訳者の倫理の考察および課題
　専門職行動規範や倫理綱領を学習し、ろう通訳者の倫理的な意思決定への理解を深めます。

・第5編：ろう通訳者の通訳理論と実践

　さまざまな通訳理論モデルをろう通訳にも適用させ、逐次通訳、同時通訳、サイトトランスレーション（見て翻訳する、詳細は第3章1注5参照）の理論や実践を学んでいきます。

・第6編：ろう／聴通訳チームとろう／ろう通訳チーム

　チーム通訳についてチームメンバーの力関係やそれぞれの役割を学び実践することで、効果的なろう／聴、ろう／ろう通訳について考えていきます。

カリキュラムの付録

　このカリキュラムには、指導のためのスライド、ろう通訳者としての能力についての5つの分類、学習にあたってのワークシート、手話などのコミュニケーション方法の分類表、用語集、参考資料、が付録として添付されており、優れた指導教材となっています。また、カリキュラムにあるビデオ教材などのリソースも活用できるようになっています。

カリキュラム指導に際しての講師の条件

　講師についても、手話が母語であること、知識やスキルがあること、過去5年間で500時間以上の通訳経験があること、学位保持者であること、などを条件として充実した指導ができることを目指しています。

(2) アメリカのろう通訳者について

　アメリカには、全米登録手話通訳者協会（RID, Registry interpreters for the Deaf）という全国的な手話通訳者の組織があり、通訳者の資格認定も実施しています。1972年から1988年までリバース通訳資格（RSC, Reverse Skills Certificate）授与を実施していましたが、それ以降は有資

格ろう通訳者（CDI, Certified Deaf Interpreter）の認定を実施しています。このリバース通訳は、手話と英語対応手話間の通訳のことで、ろう者や難聴者が通訳を行なっており、常に聴者と協働して行われていました。

　つまり、アメリカではかなり前からろう者による通訳を認めていたということです。

　2021年時点でアメリカには有資格ろう通訳者が199名いるといわれています。それに対して聴者の認定手話通訳者は約1万人です。現在RIDの事情により認定試験が棚上げになっており有資格ろう通訳者が増加しないため、認定されていないろう通訳者が増加しています（2023年認定試験が再開されました）。そのような状況のため、その人たちは通訳経験を積んで業績を作り、聴者の認定手話通訳者のお墨付きを得て通訳現場で仕事をします。資格の有無に関係なく通訳会社、通訳協会に登録し、依頼があれば通訳現場に出向きます。認定手話通訳者に認められなければ通訳できないということは、それだけの通訳力、経験が必要ということです。ただし、法廷等では有資格でなければなりません。

　ろう通訳依頼があれば、例えば病院の場合は病院から通訳組織（会社や協会等）に依頼し、登録されているろう通訳者を呼び出す、というような方法で行われています。カリフォルニアには通訳組織は6つあり、ろう通訳者と聴者の手話通訳者が登録されているとのことです。

　カナダでも、カナダ手話通訳者協会（CASLI, Canadian Association of Sign Interpreters）が2022年10月にろう通訳の重要性について声明を出しました。カナダ人でもアメリカのRID認定を得ることが可能となっています。

ろう通訳の利用者、場面、方法について

　ろう通訳を利用する人はどのような人たちか、その人たちのニーズや使用言語を把握する必要がありますが、大きく分けると以下のようにな

ります（NCIEC のろう通訳カリキュラムより）。

- バイリンガル（二言語以上のコミュニケーションスキルがある）、モノリンガル（一つの言語のみ使用できる）、セミリンガル（別にダブルリミテッドとも言われる。語彙や文法に誤りがあり最低限生活に必要な言語を用いる）、アリンガル（言語をもたない）
- 外国生まれ
- 国際手話使用
- 盲ろう者
- デフプラス（ろうであるだけでなく他に障害がある）
- 未成年者
- トラウマのある人

　2007 年のろう通訳についての全米調査データ（この調査はそれ以降実施されていません）によると、調査に回答したろう通訳者（CDI でない者も含む）196 名のうち、雇用形態はフルタイムが 82%、パートタイムが 18% でフリーランスが 80% という結果が出ています。フリーランスは、通訳会社に登録して依頼があれば仕事をするというタイプが多く、一方で施設などの職員としてろう通訳をするのが 20% です。
　ろう通訳が行われる場面については以下の通りです（% は全米調査に回答したろう通訳者全体の中の割合を示します。以下同じ）。

- 社会保険サービス　48%
- 医療手続き　48%
- 社内会議　41%
- ビデオリレー　38%
- 司法手続き　37%

・精神保健（コミュニティとして）　37%

・精神保健（個人）　32%

・異文化コミュニティより依頼　32%

・教授会議　23%

・5歳から18歳までの子どもが通う学校　22%

・薬物乱用者のミーティング　22%

・高等教育機関　20%

・芝居　18%

・宗教関係　15%

・その他　22%

　ろう通訳の方法もさまざまで、利用者のニーズに合わせて行われています。

・視覚的ジェスチャーコミュニケーション　67%

・弱視・視野狭窄者対象の手話　62%

・触手話　56%

・紙媒体の翻訳　49%

・三言語間通訳　30%

・国際手話　18%

・外国手話　18%

・口話通訳　8%

・キュードスピーチ　2%

ろう通訳利用者もさまざまです。

・外国手話使用者

- 言語力がない、あるいは乏しい人
- 使用言語が ASL（アメリカ手話）のみというモノリンガル（例えば英語力がない、など）
- 知的障害者
- 精神障害者
- 認知症者またはアルツハイマー型認知症者
- 盲ろう者

　以上のように、移民だけでなく、手話等の言語能力の低い人や精神上の障害のある人も含めてコミュニケーションに支障のある人たちも対象となっています。

　聞こえないだけでなく言語的にもコミュニケーションに限界があるため視覚的ジェスチャーなど手話以外の手段に頼らざるを得ないという利用者の特性は、ろう当事者である通訳者ならば把握しやすいため、ろう通訳が望ましいと考えられています。

メディアでのろう通訳

　2020 年以降新型コロナウィルスによる世界的なパンデミックのため、対面による手話通訳が減り、テレビやネットなどでの通訳を見ることが増えてきました。2016 年の大統領候補者のテレビ討論では聴者の手話通訳者のみが通訳していましたが、2020 年にアメリカ大統領選を前にしてトランプ氏とバイデン氏がテレビ討論を行なった 9 月 29 日、ろう者のネットワークである DPAN.TV の番組に、初めて、生中継でろう通訳がつきました。このことは SNS で全米中の話題となりました。

　ホワイトハウス関連の行事にろう通訳がついたのは初めてのことで、この中継動画の視聴者は 33 万人以上にものぼったということです。

　全米レベルだけではなく各州単位でも、パンデミック下での生死に関

第 1 章　ろう通訳者ってなに？　聞こえないのに通訳できるの？　　47

当時のクオモ知事の TV 会見
2020 年 5 月 14 日の Democrat & Chronicle の記事より。
NY 州のクオモ知事のコロナに関する会見でろう通訳がついた

わる情報を知る権利があるとして、州知事のテレビなどでの会見に手話通訳者の設置が求められました（写真）。ミネソタ州、ジョージア州、ニューヨーク州などでは実際にろう通訳者が登壇しました。手話を第一言語とするろう者たちがテレビでこのろう通訳を目の当たりにして力付けられ、コロナに関する情報もネイティブのアメリカ手話で直に得ることができたということで好評でした。

2023 年のアメリカでのアカデミー賞授賞式でもリアルタイムでろう通訳がありましたが、これは同じテレビ画面でなくユーチューブで公開され、テレビをみながらユーチューブのろう通訳を見ることで、画面が重なる、通訳者が欠ける、というようなことがなく始終ろう通訳を見ることができたわけです。今後もいろいろな試みを経ることにより、聴者もろう者も対等にテレビを楽しめるベストな方法が期待されます。

コミュニティでのろう通訳は逐次通訳がほとんどですが、テレビ中継などメディアでのろう通訳は同時通訳のため、かなりの経験を積んだ熟練通訳者でなければなりません。

ろう通訳者団体の結成

全米登録手話通訳者協会（RID）とは別に、ろう通訳者のみで立ち上げられた団体があります。NDI（全国ろう通訳者団体：著者訳出）がそれで、2015 年に全国ろう通訳者集会が開催されたのがきっかけ

です。2017 年に団体として発足し、第 2 回全国会議（National Deaf Interpreters Conference, NDIC）が開かれました。2022 年には第 4 回会議がオンラインで開かれ、ろう通訳問題等をテーマにした講演がありました。日本からは国内唯一のアメリカの認定ろう通訳者（川上恵氏）が登壇しました。

　今後も、RID が聴者を主体としているのに対し、NDI のようにろう者を主体とした団体がろう通訳問題をめぐって活動を進めていくことが期待されます。

通訳者の多様性

　さまざまな人種で構成されるアメリカでは、2020 年は手話通訳者の87％が白人、残りの 13％が有色人種、2022 年には白人の割合が 85％、残り 15％が有色人種、とやや白人の割合が減ってきましたが、それでも白人の占める割合は高いです。ろう通訳者に関しても同じです。例えばあるアフリカ系アメリカ人のろう者は学生の時に同じ人種の通訳者に出会ったのはわずか二人でそれ以外は白人だったため、意見を言いにくかったと言っています。また別のヒスパニックのろう者は同じヒスパニックの通訳者がついたことで安心した、という話もあります。

　ろう通訳者にも同じことが言えます。異なる人種のろう者に対して通訳を行う場合の注意点などは、ろう通訳養成カリキュラムにも詳しく書かれてあります。

　ろう通訳者が資格取得する条件の一つに、大学卒業相当の学位を持っていなければならないというものがあります。テキサス手話通訳者協会（TSID）では、有色人種のろう者は白人ろう者に比べて大学進学の機会が少ないため、学位を取得できるよう金銭的な面でも働きかけなければならないと動き始めているようです。

(3) オーストラリアのろう通訳について

オーストラリアもアメリカ同様にさまざまな人種で構成されており、言語もさまざまです。ろう・難聴者についても、コミュニケーション手段がまちまちで、オーストラリア手話（公的には「オースラン〔Auslan〕」と呼ばれる。ここではオーストラリア手話でなくオースランとする）、"通常使われる手話とは違う手話"（著者訳、non-conventional Sign Language, NCSL、以降 NCSL とする）、外国手話、などがあります。

現在は NAATI（ナティ、1977 年設立の国家機関、National Accreditation Authority for Translators and Interpreters, 全豪通訳翻訳協会）の認定通訳に含まれており、まだ「暫定認定ろう通訳者（CPDI, Certified Provisional Deaf Interpreters）」しかありませんが（詳細は後述の「ろう通訳の資格化」で説明します）、NAATI の試験に合格して初めて認定されます。それまでろう通訳者として仕事をしてきた人（現役の公認ろう通訳者、RPDI, Recognised Practising Deaf Interpreter）たちも試験等の手続きをすれば認定されるようになっています。

2023 年現在、NAATI において認められたろう通訳者は 49 人おり、そのうち 30 人は暫定認定ろう通訳者の試験に合格した人 (CPDI) たちです。残りが前述の、試験制度ができる前からろう通訳者として経験を積んできた現役の公認ろう通訳者（RPDI）です。

NAATI とろう通訳

2017 年 NAATI は、ろう通訳についての認識を広めるため「ろう通訳者とは」という冊子を発行しました。そして、2019 年認定通訳者制度に新たに暫定認定ろう通訳者を導入しました。

同年 11 月にろう通訳者試験がメルボルンとパースで実施され、受験資格を得た合計 19 名がこの試験に挑みました。試験問題は、ろう通訳者を含むろうコミュニティ（アデレイド、ブリスベン、メルボルン、パー

ス、シドニー)、オーストラリア手話通訳者、通訳士を目指す学生たち
と協議して作られたものです。つまりこの試験はろうコミュニティの人
たちの多くが長年待ち望んでいたものであり、NAATI はそれに応じて
動いてきたわけです。

　ASLIA(オースラン通訳者協会)の「ろう通訳者の方針とガイドライ
ン」によると、以下のような状況がある場合ろう通訳が行われるべきと
しています。

　　・ろう通訳を要望するオースラン／英語の通訳者がいる
　　・ろう通訳が要望されている
　　・ろう児が対象でろう通訳の方がよいとみなされる場合
　　・犯罪が関わっている
　　・認知障害または重複障害のためコミュニケーションが不十分である
　　・精神上問題があるために十分な対話ができない
　　・家族または所属集団が特殊で使用言語がオースランでなく、ジェ
　　　スチャーまたはホームサインである
　　・言語的社会的に孤立しているため対話能力が限られている
　　・視覚障害がある
　　・NAATI が認定している言語(オースラン／英語)以外の手話を使用
　　　する(アボリジニ、トレス海峡諸島などの地域の人たち)
　　・トラウマなどがあるため相手が緊張しないよう慎重に対応する必
　　　要がある
　　・使用言語が外国手話で通訳できる人がいない
　　・その他の手話言語、または国際手話を使う

　また、ろう通訳依頼がある場合、またはろう通訳の方が好ましいと判
断された場合は、通訳の手配はろう通訳が手配されるまでストップする

第 1 章　ろう通訳者ってなに？　聞こえないのに通訳できるの？　　51

べきとあります。ろう通訳の必要性について、通訳手配側に今後ろう通訳派遣ができるよう報告すべきとも書かれています。また、ろうの依頼者もろう通訳の役割について説明を受ける必要があるということも書かれてあります。

　　「たとえば手術後麻酔から醒めたばかりの患者はろう通訳者の手話ならすぐに理解できる」
　　「脳卒中等で手がうまく使えないろう者の手話はろう通訳者なら読み取りが可能であることが多い」
　　「ろう通訳ならばストレスフリー」
　　「ろう者にはろう通訳希望と声をあげる権利がある」
　　「聴者の手話通訳者もろう通訳への理解を深める必要がある」

　　　　　　　　　　　　　　　　　　　　　（ASLIA サイトより）

パンデミック下のろう通訳

　オーストラリアでもコロナのパンデミックのもと、テレビなどのメディアでろう通訳が見られるようになりました（2021 年 8 月 28 日 The Saturday Paper より）。

　2010 年にクイーンズランドで洪水が起こった時、手話通訳者がいるにも関わらずテレビ画面に映らなかったという問題がありました。2019 年の大規模森林火災（ブラックサマー）でも同様の問題があり、情報を得られず被害を受けたろう者もいました。2019 年末にはこの問題解決のための動きが始まり、2020 年初めには一部の首相の記者会見等にろう通訳が見られるようになりました。ろう通訳者が映るような画面構成が課題ということで、デフファミリー育ちのろう通訳者であるステフ・リンダー（Stef Linder）は、記者会見で聴者の手話通訳者と協働しチーム通訳を行っています。彼女は、「通訳者は聴者である必要はありませ

ん」と語ります。

　「聴者の通訳者は英語を耳で聞いて私にオースランで伝えます。私
　はそれを、ろう者のニーズに合うように直します」

　パンデミックの最中、新たな用語が次々と生まれ、それを手話にする
必要が出てきましたが、ワクチンの場合、ファイザーは指文字のＰとＺ、
アストラゼネカはＡとＺを表し、それが手話として定着してきました。
また、「ロックダウン」はヨーロッパではドアを閉めるという手話が使
われましたが、オーストラリアでは、両手で鍵をかける手話が使われる
ようになりました。

　「新しい手話はろうコミュニティにおいてのみ生まれるものであ
　り、聴者の通訳者が手話を造る権利はありません」

　また、メディア通訳者たちは定期的に集まり、いかにしてろうコミュ
ニティからその概念を引き出すかも含め、言語や語彙について話し合っ
ているとのことです。

　「そこでろうの科学者などの専門家も加わりコロナの特性につい
　て質疑し手話表現について話し合っています」

（4）ヨーロッパのろう通訳の状況
　EU 教育基金（Erasmus+）助成を得てデンマークろう協会は、EU 各
国のろう団体や手話通訳団体などにアンケート調査を行い、その結果を
まとめた調査報告書「ヨーロッパにおけるろう通訳（Deaf Interpreters
in Europe）」を出しました（2016 年）。

第 1 章　ろう通訳者ってなに？　聞こえないのに通訳できるの？　　53

回答した 28 カ国のデータによれば、認定ろう通訳者の他、通訳教育を受けたことのないろう通訳者も含め、EU 内のろう通訳者は 190 〜 300 名といわれています。下記のデータは 2016 年のものです。

ろう通訳者養成コースが設けられている国
　オーストリア、チェコ、デンマーク、フランス、ドイツ、アイルランド、スウェーデン（うちデンマーク、スウェーデンはろう団体が実施）

大学にろう者も受講できる手話通訳者養成課程がある国（コミュニティレベルも含む）
　オーストリア、フィンランド、ドイツ、アイスランド、アイルランド、ポルトガル、スウェーデン、スコットランド及びイギリス（そのうち学士レベルはドイツとスコットランドのみ）

EU 内のろう通訳者の雇用形態
・フリーランサー
・通訳会社
・ろう団体
・政府機関

ろう通訳が行われる場面
・宗教関係
・組織団体
・社会行事
・国際会議
・テレビ
・演劇、音楽

- 法廷、警察
- 精神保健
- 病院、医療
- 教育機関
- 職場
- 政府機関

ろう通訳利用者
- 国際会議の参加者
- ろう児
- 年配のろう者
- 言語を持たない、あるいは言語を理解できない人
- 精神障害者
- 移民、難民
- 盲ろう者

各国の状況
　ドイツと**オーストリア**は、ろう通訳認定制度があります。2010 年よりドイツのハンブルグ大学ドイツ手話およびろう者のコミュニケーション研究所（IDGS, Institut für Deutsche Gebärdensprache und Kommunikation Gehörloser）にはろう通訳者養成コースがあり、聴者は受講できません。このコースの内容は、記憶トレーニング、翻訳研究、職業倫理、言語学、サイトトランスレーション、同時通訳、チーム通訳、国際手話、テレプロンプター翻訳、盲ろう通訳、などが組み込まれています。オーストリアでも 2013 年よりザルツブルグ大学で同様のプログラムがはじまっています。
　2 年間上記の課程を修了した後、ドイツの場合はヘッセン州のダルム

シュタットで州の教育委員会による認定試験、オーストリアの場合はグラーツ大学の翻訳研究所でオーストリア手話通訳翻訳協会の協力により試験を受け、ろう通訳者として認定されます。

　ドイツには、認定ろう通訳者の団体が複数あり、ろう通訳派遣のみでなく、ろう者の立場に立って社会に向けて認識を高めるための呼びかけ、要求も行っているようです（たとえば、コンサートでろう通訳をつけるよう要求するなど）。

　デンマーク、フィンランドの場合は、ろう通訳について認識があるにも関わらず、ろう通訳者養成は厳しい状況です。大学の手話通訳課程、またはデンマークの場合は国家レベルの通訳養成プログラム（ITP、聴者対象）をろう者も受講できるようになっていますが、通訳者になることは難しい状況です。

　そのため、ろう通訳者を目指す人たちはEUより助成を得て設置された国際的な手話通訳専門の修士課程に参加し、修士号を得てろう通訳者になる人も少なくありません。

　この国際的な修士課程は、EUMASLI（European Master in Sign Language Interpreting）といわれ、手話通訳者を目指すEU内の国々のろう者と聴者が共に学ぶものです。イギリスのヘリオット・ワット大学、フィンランドのHUMAK大学、ドイツのマクデブルクシュテンダールの3大学で授業が行われ、2年半学んだ後に修士論文発表があります。プログラムの内容は、言語学、通訳翻訳理論、国際手話、デフスタディズ、など広範囲にわたりかなり専門的なものとなっています。このプログラムは2009年に始まり、2023年現在、第4期生が卒業試験を終えました（2023年の時点）。また、スウェーデンのストックホルム大学も2023年より養成プログラムが始まり、最初の卒業生が出るのは2026年とのことです。

　EUMASLIを卒業し認定ろう通訳者となった人たちは、国際的な会議

ハンブルクで行われた TISLR13 でのろう通訳の様子

で活躍しています。

　写真は 2019 年ドイツのハンブルクで行われた第 13 回国際手話言語学学会（TISLR13）でのろう通訳の様子です。

　左から順に、アメリカ手話、国際手話、ドイツ手話のろう通訳で、聴衆側の前列にいるフィーダーの手話あるいはろう通訳者の手前にある画面の英語を読み取り、手話に通訳しています。

　彼らは先に述べた EUMASLI を卒業し、優秀なろう通訳者となっています。

　その 3 年後の 2022 年、大阪の国立民族博物館で第 14 回国際手話言語学学会（TISLR 14）が開催されました。次ページの写真はその時の様子です。

　フランスの場合、他の国と違ってメディトゥア[2]という、ろう通訳者とは別の職業があります。これは、ろう者と聴者間の言語や文化のギャップを埋める仲介役のことです。美術館、企業、図書館、法廷、病院などでろう者の支援・仲介に従事しています。フランス手話通訳の場合、通訳課程は 1980 年代から 2006 年の間にパリ第 8 大学、パリ第 3 大学、リール大学、ルーアン大学、トゥルーズ大学の 5 つの大学に設置さ

大阪での TISLR 14 の様子

れ、全て修士課程まであります。2005年2月11日の法律でフランス手話が言語であると定められて以来、手話通訳者（フランス手話／フランス語）は修士号取得が必要とされています。

　それにともない、1996年以来ろう者による通訳などをしてろう者を支援する人が登場します。特に保健医療分野において、専門用語をろうの患者が理解できない場合それをわかりやすく言い換える、またその逆としてろうの患者の言うことを聴者に伝えるというメディトゥアが増え

てきました。メディトゥアは「助言者」という重要な役割も担っており、ろう通訳という言語通訳とは区別されます。「メディトゥア」という名称は、法整備上職業として認可されず「インター」という通訳を意味する用語をつけた「インターメディトゥア」とすることで、2007年に法的に認可されました。以来、フランス国内のいくつかの病院に「ろう者外来」が設置され、インターメディトゥアがそこでろう者のために働いています。患者であるろう者が医師たちの話を理解できるまで助言したり描写したりして支援するということで、ろう通訳とは違う仕事をしています。

　前述の2005年2月11日の法律で書記フランス語へのアクセシビリティ促進が謳われたことにより、ろう者によるフランス手話への翻訳、特にインターネットの内容などの翻訳がされるようになりました。

　2020年以降、パリ第8大学ではろうの手話翻訳者、聴者のフランス語翻訳者の養成が行われています。また、エクス・マルセイユ大学でも同じ養成コースがありましたが4年後に閉鎖となり、トゥルーズ大学が引き継ぐ形で2021年にそのコースを開講しました。

　南西部にあるトゥルーズはろう者の街として知られていますが、そこのトゥルーズ大学第2大学の外国の言語・文学・文明学部の言語翻訳、通訳、仲介学科（D-TIM、Département de traduction, d'interprétation et de médiation linguistique）に、手話通訳、手話翻訳、メディトゥア部門があり、聴者向けの手話通訳養成課程があります。そこは2021年よりろう者も学べるようになり、2023年にろう者がこのD-TIMの修士課程を修了し手話翻訳、通訳、メディトゥアの学位を取得しています。ここではメディトゥアだけでなくろう通訳指導も行っています。学位取得後、現場で実践を重ねて初めてインターメディトゥアとして認定されます。ろう者が学位を取得できるようになったことで、今後もトゥルーズ大学卒業のインターメディトゥアが続出するでしょう。

第1章　ろう通訳者ってなに？　聞こえないのに通訳できるの？

しかし、認定試験というものがないため、通訳経験を重ねてから認定されるというという形をとっているようです。

　他に、トゥルーズの Vice&Vista という手話翻訳をメインにしている会社が最近ろう通訳サービスを始めたということで、現地でのメディトゥアやろう通訳者の活動が盛んになるだろうと期待されます。

■注

1　全米通訳教育センター連合会（NCIEC）は、全米の5地域にある通訳教育センター（うち一つはギャローデット大学にある）と協働して全国的に通訳力を高めることを目的として2006年に設立。アメリカの教育庁のリハビリテーションサービス局（RSA, Department of Education Rehabilitation Services Administration）より助成金を得て活動してきたが、2016年助成の打ち切りにより解散した。しかし、NCIEC の作成したカリキュラムは現在も使われている。

2　メディトゥアとは、認知障害などにより手話やフランス手話を完全に理解するのが困難なろう者のためにわかりやすく、改めて説明するろうの専門職のことである、と定義されている（C. Stones、その他, 2022, The Routledge Handbook of Sign Language Translation and Interpreting, Routledge より）。法廷、病院、社会保障等行政機関に設置されることが多い。

■参考文献・サイト

（2）アメリカのろう通訳者について

Registry of Interpreters for the Deaf, Inc., https://rid.org

Canadian Association of Sign Language Interpreters, https://www.casli.ca/

Tester, C., 2020, "Deaf Interpreters in the United States", 2020年2月手話教師センター主催のろう通訳シンポジウムにて

メディアでのろう通訳

NY 州知事のコロナ会見にろう通訳（2020年5月14日）

https://www.democratandchronicle.com/story/news/politics/albany/2020/05/14/who-is-andrew-cuomos-sign-language-interpreter/5188884002/

通訳者の多様性

A push for diversity among Deaf interpreters, Sept. 1, 2020, The national daily news show of Texas https://www.keranews.org/texas-news/2020-09-01/a-push-for-diversity-among-deaf-interpreters

(3) オーストラリアのろう通訳について

National Accreditation Authority for Translators and Interpreters Ltd, https://www.naati.com.au

NAATI とろう通訳　Deaf Interpreter Policy and Guidelines, Australian Sign Language Interpreters' Association, https://aslia.com.au/wp-content/uploads/1-Deaf-Interpreter-Policy-and-Guidelines.pdf

パンデミック下のろう通訳　Interpreting the pandemic (Australia)https://www.thesaturdaypaper.com.au/life/health/2021/08/28/interpreting-the-pandemic/163007280012336#hrd

(4) ヨーロッパのろう通訳の状況

Deaf Interpreters in Europe, https://ddl.dk/wp-content/uploads/Deaf-interpreters-in-Europe-2016.pdf

各国の状況

オーストリアのろう通訳　OGSDV, https://oegsdv.at/

ドイツのろう通訳　IDGS（ハンブルク大学）, https://www.idgs.uni-hamburg.de/

デンマークとフィンランド　Deaf Interpreters in Denmark and Finland, https://streetleverage.com/2016/01/deaf-interpreters-in-denmark-and-finland-an-illuminating-contrast/

EUMASLI　European Master in Sign Language Interpreting, https://www.eumasli.eu/

フランスのろう通訳　Adam, R., Stone, C., Quadros, R. Muller, & Rathmann, C. , 2022, The Routledge Handbook of Sign Language Translation and Interpreting

フランスの医療保険現場での通訳　https://sfsls.org/sfsls/

トゥールーズの医療ろう通訳　https://www.chu-toulouse.fr/-l-unite-d-accueil-et-de-soins-pour-sourds-uass

全体を通して

Adam, R., Stone, C., Collins, S. D., & Metzger, M., 2014, *Deaf Interpreters at Work: International insights*, Gallaudet University Press

Albi-Mikasa, M. & Tiselius, E. , 2022, *The Routledge Handbook of Conference Interpreting*

■協力者

Lessire 塚本夏子　（在仏日本人ろう者）

4 司法通訳とろう通訳者——アメリカの例を参考に

森 亜美

(1) NCIEC 概況報告書

　第3節で述べたろう通訳カリキュラムが作成される前に、NCIEC（全米通訳教育センター連合会）は司法におけるろう通訳の必要性について概況報告書を出しており、参考になります。ここに日本語に訳したものを紹介します。

　　　　合理的配慮としてのろう通訳者　概況報告書[1]

NCIEC 2010 年

　　法廷で見る手話通訳者は聴者である場合が多い。しかし、聞こえないろう通訳者を必要とすることもある。ろう通訳者は、ろうであり、アメリカ手話（ASL）に長けており、コミュニケーションが複雑またはリスクを伴う場面において視覚的ジェスチャーを使える者のことである。ろう通訳者のほとんどは聴者の手話通訳者と組み、通訳が効果的かつアクセシブルとなるようにしている。

　　本紙では、ろう通訳者を利用することは訴訟を公平に進めるために必要な配慮であることについて述べる。

　　一般に、アメリカのろう者はアメリカ手話がコミュニケーション手段であるため、適切な手話通訳が設置されている法廷では支障をきたすことはほとんどない。しかし、ろう者の中には通常使われているアメリカ手話を使わず特別な配慮を必要とする人もかなりいる。社会科学者たちによれば、ろう通訳サービスが役立つろう者とは以下の通りである。

・視覚障害、認知障害といった二次障害がある人
・外国生まれ、または移住してきたばかりで外国手話を知っているか知らない人
・薬物乱用あるいは不適切な診断のため精神、認知上支障をきたす人
・言語発達が十分でない青年
・アメリカ手話話者との接触がない、またはアメリカ手話を使う環境になかった人

　司法通訳者が上記のようなろう者を担当することになった場合は、法廷に対しろう通訳者が必要であることを通知する。司法通訳者は通訳者ネットワークより適切なろう通訳者を依頼することができることになっている。
　州の多くはろう通訳の必要性を認識しており、それぞれの州の司法通訳規定にその定義と基準が記されている。ろう通訳派遣に関するその規定基準（ろう仲介通訳者もしくは有資格ろう通訳者という言葉が使われることが多い）には、司法手話通訳者が、コミュニケーションが困難でろう通訳ならその状況を改善できると告知した時に、ろう通訳者を指名すべきであると書かれている。別の規定には、ろうの被告が訴訟を理解できるようにろう通訳者を呼びろう被告と相談すること、と書かれてある。
　ろう通訳者の多くはフルタイムで司法通訳をしているわけでなく現在はろう通訳者に司法通訳としての認定がない。そのため、依頼されたろう通訳者に対して、ろう通訳がなぜ必要かを確認し当事者について詳しいかどうかを判断するために短い予備尋問を行うのがよい。ろう通訳者がいる理由の一つは特異な言語使用に慣れているからであり、ろうコミュニティと固く結びついているため優先して被告に接することができるということを頭に入れるべきである。この接触は法的手続

きには何ら影響ないものであり、優先して接することのできる他の通訳者同様、司法通訳者の倫理綱領に従うよう宣誓する。

　ろう通訳者が聴者である司法手話通訳者と組む時は、立ち位置が異なるがそれは当然のことである。裁判中ろう通訳者はろう者と向かい合って弁護士席に立つことになっているが、それはその言語が視覚的なものであるためいかなる通訳者もろう当事者が通訳を見ることができる場にいなければならないからである。聴者の司法手話通訳者はろう当事者の後ろに立つことで本人が目を逸らすことのないようにする。この通訳者はろう通訳者のために通訳するのであり、それによってろう通訳者はろうの当事者に情報を伝えるのである。

　通訳者たちは法廷に早めに到着し手はずを整えることで、法廷のスタッフたちにそれぞれの立ち位置について前もって知ってもらう。

　また、ろう通訳者が加わることでろうの被告とのコミュニケーションが複雑になるのが普通であり、通訳に要する時間がかかるため時間の延長もありうる。法廷側と通訳者たちが事前に話し合うことも、法廷が正確かつ効果的な通訳となるような配慮を弁護士に求めるのに必要である。

　ろう通訳者が常に司法手話通訳者と組んでいれば、法廷側も、独特の手配を要するろう当事者が対等にアクセスできるようになると、通訳チームに信頼を寄せるようになるはずである。

(2) カリフォルニア州における法廷でのろう通訳利用について

　アメリカは州ごとに司法に関する規定があり、ニュージャージー、カリフォルニア、アリゾナなどの司法規定にはろうの被告当事者がいる場合は手話、文字情報などの情報保障の設置を求めています。そして、州によっては必要とあればろう通訳者の派遣も認められています。

　カリフォルニア州では、カリフォルニア司法協議会法廷管理局

（Administration Office of the Courts, Judicial Council of California）がろう通訳者利用のガイドラインを発行しています（"RECOMMEMDED GUIDELINES FOR THE USE OF DEAF INTERMEDIARY INTERPRETERS"）。

　カリフォルニア州では、資格のあるろう通訳者でかつ、条件付きで法廷での通訳を全米手話通訳協会から認められているろう通訳者であっても、司法通訳を認めないということになっています。そのため、このガイドラインが作成され、「仲介通訳者」の設置を認めることにより、ろう通訳者を「ろう仲介通訳者」に置き換えています（下線は筆者）。

　このカリフォルニア州のガイドラインは、ろう通訳をどのような時に利用するか、どう利用するべきか、等が書かれてあり、参考になりますので引用しつつ紹介していきます。

　このガイドラインには、

　　「法廷では、アメリカ手話（以下 ASL と記す）が流暢でないろう・難聴者、あるいはろう以外に障害があるためコミュニケーションが限られ ASL での会話も困難な未成年や成人への配慮が必要であり、訴訟における個人の権利を保護するためにも、代替的な通訳方法を用意せねばならない」（下線は筆者）

とあります。

　なぜ代替的な通訳方法が必要かといいますと、従来の手話通訳、いわば、聴者の手話通訳のみでは不十分なためです。

カリフォルニア州の司法におけるろう通訳者の定義
　カリフォルニア証拠規定 754 条（g）では、

　　「被告当事者または証人が ASL を流暢に使えない場合、ろう難聴の

第1章　ろう通訳者ってなに？　聞こえないのに通訳できるの？　　65

被告当事者や証人と協議の上、正確に伝わる通訳がされるよう『仲
介通訳者』を指名する」

ように定められています。
　特に、証拠規定754条では、ろう通訳者に必要な資格を定めていない
こともあり、

　「ろう通訳者は、司法協議会に登録されている認定司法ASL通訳者
　とチームを組んで協働するのが常である」

ということを強調しています。
　聴者の手話通訳者の場合、専門分野での通訳者として認定制度があり
ますが、ろう通訳者にはまだそれがありません。
　司法手話通訳については、証拠規定754条（f）、（h）に基づき、全
米手話通訳者協会（RID, Registry Interpreters for the Deaf）のみが、司法
ASL通訳者の認定を行うことになっています。
　RIDの通訳認定はいろいろあり、司法通訳分野については、SC: L
（the Specialist Certificate: Legal　認定司法通訳者）というのがあり、こ
れは司法協議会が指定した司法ASL通訳者を指します。RIDはろう通
訳者向けの一般資格、つまりCDI（有資格ろう通訳者）の認定も行って
いますがこれは専門分野の通訳者ではなく、つまり、司法専門通訳者で
はないわけです。

　　「つまり、ろうコミュニティで認定された通訳者であっても、カ
　　リフォルニア州では認定司法通訳者ではないということである」

と、ガイドラインでも明確に記されています。

CLIP-R（Conditional Legal Interpreting Permit-Relay、条件付きで認められた司法リレー通訳者）というものがあります。これは、「ろう通訳者にRID が暫定的に司法通訳者として認めた者」ですが、この CLIP-R も同じで州においては司法通訳を認めていません。

つまり、カリフォルニア州では、

> 「CDI または CLIP-R はカリフォルニア州では認定司法通訳者として認められておらず、RID が認定した SC:L（聴者、司法分野を専門とする ASL 通訳者）のみが認められている。『CDI』は『RID 認定ろう仲介通訳者』として一般に使われる用語であり、『DI（資格のないろう通訳者）』は RID 認定の有無に関わらず『ろう仲介通訳者』として使われる。」

としており、有資格の CDI であろうと、資格のない DI であろうと、どちらも「ろう仲介通訳者」の扱いになるのです。

そして、このガイドラインでは、司法現場ではどのような時にろう通訳が必要なのか、について説明しています。法廷では、被告など当事者とのやりとりを中心に裁判等が進められますが、それが円滑にいかないということは、当事者とのコミュニケーションに課題があるということになります。

ガイドラインでは、効果的なコミュニケーション成立のためにろう通訳者を必要とするろう・難聴者の例を以下の通り挙げています。

- いわゆる「ホームサイン」という家庭内で使われる特異な、通常とは異なる手話または身振りを使う
- 外国手話を使う
- 地域、人種、または年代特有の手話を使う

第 1 章　ろう通訳者ってなに？　聞こえないのに通訳できるの？　　67

・聴者の手話通訳者に不慣れである
・教育が不適切だった、あるいは教育を受けていないために言語の
　土台がない

加えて、以下の場合もろう通訳者が必要と考えられる。
・精神上の障害がある
・未成年である

　以上のように、法廷にろう通訳が必要なケースがあることが認識された上で、資格の有無に関わらずろう通訳者を仲介通訳者として依頼する場合に、以下のような資格、条件があればよいと述べています。

・全米手話通訳者協会（RID）認定の有資格ろう通訳者、または条件
　付きで許可されているろうの司法仲介通訳者
・カリフォルニア司法通訳専門職行動規範に精通している有資格ろ
　う通訳者で、少なくとも RID が認める関係者（司法分野専門の ASL
　通訳者）から司法通訳の指導を受けた者

　ただ、上記の条件を満たすろう通訳者は非常に数少ないようです。そのため、以下のように条件を満たしていないろう通訳者であっても、対等に扱う必要があると提案しています。

・司法通訳の指導を受けていない有資格ろう通訳者
・資格がないろう通訳者だが、カリフォルニア司法通訳専門職行動
　規範に精通し、少なくとも RID の認める関係者（司法分野専門の
　ASL 通訳者）から司法通訳の指導を受けた者

つまり、ろう通訳者の資格がなくとも司法通訳の指導を受けている、または指導を受けていなくともろう通訳者の資格がある、というのであれば、“ろう仲介通訳者”として認めるべきとしています。

ろう仲介通訳者派遣依頼について

　まず認定司法 ASL 通訳者がろう通訳が必要であると判断し、それを法廷側に知らせることになっています。そして次に、ろう仲介通訳者は「ろう・難聴の当事者あるいは代理人と協議の上、法廷または他の当局から依頼」されます。

　そこで、ろう通訳者をどのようにして決めるかというと、ろう通訳が必要と判断され法廷がそれを認めた時点で、「地元の通訳コーディネーター、ADA（障害を持つアメリカ人の法律）コーディネーターに連絡し、ろう通訳者の選定に協力してもらう」ことになっています。法廷が任命する認定司法 ASL 通訳者はろう通訳者の情報を持っていることが多いからです。

ろう通訳利用を必要とする人

　ガイドラインには、以下のように書かれています。

> 　「仲介通訳者は、民事や刑事訴訟において、効果的なコミュニケーション支援が必要な被告当事者または目撃者がろう・難聴者である場合に派遣される。交通やその他違反事例、少額裁判、少年裁判、家庭裁判、精神鑑定、調停や仲裁など裁判所が命令する紛争解決においても、仲介通訳者は派遣される」

　ろう・難聴者の中には手話を使わない人もいます。そのような場合には、「例えばリアルタイムの文字通訳や補聴器といった他の手段が保

障」されます。

法廷でのろう仲介通訳者

仲介通訳者はろうまたは難聴者であり、チームの一員として認定司法ASL通訳者と協働することになっています。通訳プロセスは以下のように進められます。

- ・ASL通訳者は音声英語による情報を聞きそれを仲介通訳者またはろう通訳者に通常のASLで通訳する。このプロセスは逐次または同時両方の通訳ですすめられる。
- ・ろう通訳者は手話による情報を得てそれをろう・難聴者に対してその人特有のコミュニケーション方法で伝える。この通訳は逐次または同時両方で行われる。
- ・ろう・難聴者が話しているときは、ろう通訳者がその人特有のコミュニケーションによる情報を得て、それをASL通訳者に通常のASL[2]で伝える。これはふつう逐次で行われる。
- ・ASL通訳者はろう通訳者による通常のASLを音声英語に翻訳する。これは逐次または同時に行われる。
- ・ろう通訳者は、印刷物またはASL通訳者からの情報を直接サイトトランスレーション[3]することもある。聴者のASL通訳者とろう通訳者のチームはそれぞれ、与えられた状況で最善の方法を決める。
- ・ろう通訳者はろう・難聴の当事者に向かい合って座る、または立つ。ASL通訳者は仲介通訳者に向かい合うように座るか立つかする（例として図1参照）。

法廷側の配慮について

次に、ろう通訳利用が決定しても法廷側の配慮がなくてはせっかくの

保障も役に立ちません。

　コミュニケーションの確立のために必要なのは、時間をかけること、です。初めてASL通訳者／ろう通訳者チームとろう・難聴当事者が話し合う時も時間をかけて進める必要があります。ガイドラインにも、「法廷は通訳のない裁判にかける時間より2または4倍の時間をかけるべきである」と強調しており、具体的なことについては以下のように記されています（下線は筆者）。

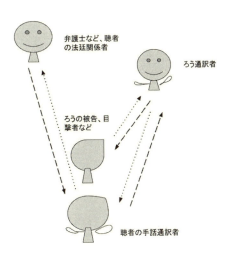

図1　法廷（裁判所）での通訳位置

- コミュニケーションの別の方法として非言語、例えば空書きや手の身振りといったものを使うのは、コミュニケーションを確立させるためである。
- 逐次通訳は頻繁に間を置く必要があるため、裁判官や弁護士は、通訳者がその都度休止を願い出ることを認めるべきである。話のスピードを遅らせることは通訳者にとっては何の助けにもならない。そのかわり休止を認めて通訳者が通訳内容について考える時間を与えることが重要なのである（下線は筆者）。
- コミュニケーションがうまくいくと、あるいは話し手次第で、または通訳の目的によっては、通訳の流れがスムーズになり速さもかなり速くなることがある（例：目撃者の証言、弁護士と依頼者との対話、など）。

さまざまな場面においても、聴者の手話通訳とろう通訳がつくと時間が必要になります。このことについて法廷も弁護士等司法関係者も理解する必要があります。

円滑に裁判を進めるために

ろう通訳に馴染みのない法廷では、前もって以下のように準備しておくことが裁判を円滑に進めるのに必要であると書かれていますが、これはカリフォルニア州のみでなく他の州でも同様に考慮されているところもあります。

- ・カリフォルニアも含め全国で司法通訳のためのろう通訳者は不足している。事前に予定しておくことが望ましい。
- ・通訳者チームとろう・難聴当事者との出廷前の面談が必要であると許可を得て実施する時、以前にその人の通訳をしたことがない場合は、時間を余分に取っておくことが一般的であり必要なことである。
- ・同時に、証拠となるもの、紙に書かれた文書、地図、写真などを検討（再調査）する時は、前もって ASL 通訳／ろう通訳チームを呼ぶことで進行がはかどる。
- ・ろう・難聴の当事者が未成年もしくは精神上問題がある場合、その人の言語能力はおそらく十分に発達していないため ASL 通訳／ろう通訳のチームが必要と考えられる。通訳を十分に揃えることで裁判に必要以上に時間をかけることがない。

ここまで述べてきたように、アメリカではろう通訳者の資格化がされているとはいえ、法廷や裁判所のような特殊な現場でのろう通訳については州によって認められていないところもあります。そのため、司法通訳について指導を受け、仲介通訳者として法廷で通訳することができる

ようになっています。カリフォルニア州の場合は、そのような状況を鑑みて前述のガイドラインでは「司法通訳の専門職行動規範に精通している認定ろう通訳者」であれば、ろう通訳を認め、チームメンバーである聴者の司法 ASL 通訳者と対等に扱うことを求めています。ろう者が関わる司法案件が増加する一方で、CDI の高齢化、資格試験の一時停止によりろう通訳者が足りなくなっていることも問題になっています。

(3) ろう者が被告である裁判のケース（アメリカ）

さまざまなろう当事者が関わる裁判等には、聴者の通訳者では手に負えないケースがたくさんあります。世界全体を見ても、司法における手話通訳の状況は発展途上といえます。

2004 年全米ろう協会（NAD）とリハビリテーションサービス局（RSA）が行った調査報告書によると、障害者 5,400 万人のうち 43％がろう・難聴であり、うち 16 万 5,000 人から 12 万 5,000 人が他の障害を持ち支援も不足しているとされています。移民の増加もあり、支援を要する人の数も増加の傾向にあります。

アメリカの裁判所での例を具体的に挙げてみます（Deaf Interpreters in Court, 2009, NCIEC より）。

ろう者である被告が、

1）経歴上言語的にも複雑な状況にある

2）白人が使用する ASL とは異なるその地域独特の ASL を使用する

3）英語が不得手である

というケースを紹介します。

まず、1）については、次のような例があります。

オハイオ州での裁判で、ろう被告とのコミュニケーションが難しく知的障害もあるため、責任能力がないとみなされ、2 度にわたって ASL 通訳者による通訳が行われましたが、コミュニケーションがうまくいか

ず、3度目にASL通訳／ろう通訳チームの導入により、責任能力はあると判明し、裁判の方向が変わりました。

2）については、フロリダ州マイアミのアフリカ系アメリカ人ろう者が、マイアミの同じコミュニティで使われるASLを使用しており、社会的な経験もなく、ASL通訳者のASLを理解できないため裁判の流れもわからず、責任能力が問われました。

また、ヴァージニア州で殺人や暴行罪に問われたろう被告（メキシコからの移民）の場合、コミュニケーション手段は、家庭内で使われる手話、いわゆるホームサインのみでした。しかし、精神鑑定などでは責任能力があると判定されたために、嘘の言語能力を示していると疑われました。このようなケースでは、ASL通訳／ろう通訳チームが必要になります。

3）については、法廷で使われる公用語はアメリカでは英語ですが、ろう者の60％は英語の力が低いとされています。聴者でも、英語力がない、司法についての一般的な知識がない人は「司法に疎い話者（legally naïve speakers、訳註：裁判の仕組みや裁判手続きのひとつひとつが持つ意味に詳しくない人）」と言われます。そのような人たちにはやさしい言語で対話する必要があります。同様に、英語が不得手なろう者にとっても、英語で書かれた文書などの書類を読み解くことは困難です。そのような人たちのためにろう通訳者によるサイトトランスレーションが必要となります。

以上、アメリカの司法現場におけるろう通訳の必要性について述べてきました。

異なる人種、異なる言語・文化集団のあるアメリカでは、ろう・難聴者もさまざまです。

(4) これからの日本の司法関係現場に望むこと

日本の場合、ろうの弁護士によれば、法律相談等で同行したろうの友人が当事者であるろう者に代わって説明するという事例があるようです。

例えば、外国人ろう者で日本手話は少しできるが自分の国の手話をメインに使う人が法律相談に来たときは、その国の手話がわかるろう者が同行し、通訳したとのことです。

　また、高齢のろう者が友人と一緒に相談に来た時も、弁護士の手話では理解してもらえず友人が通訳したという例もあるそうです。

　ただしこれは、友人という立場ですので、通訳とはいえません。ろう通訳者は、倫理綱領や専門職行動規範に基づいて動かなければなりません。友人の代理人としての説明が食い違うということも起こりかねません。

　ろう・難聴者のリテラシー能力が低い場合、聴者の手話通訳／ろう通訳チームがあれば、当事者の証言を捉えやすく、また当事者に伝えやすくなります。

　裁判中にろうの被告が手話通訳者の手話をうまく読み取れず、また被告の語彙力や理解力の不足もあり、手話通訳者が「間違って伝わったかもしれません」「うまく通じたか自信ありません」と言い、質問と答えがすれ違った例があります。また別に、被告が教育や福祉から切り離されたままで、字も書けず手話も知らないということで、裁判が進まず公判停止に至った例もあるそうです。そこにろう通訳者がいれば裁判が少しは円滑に進められたかもしれません。

　日本にも外国人ろう者が増加しています。彼らが万が一法的手段を取らざるを得なくなった時は、日本語も日本手話も十分に使えないために、コミュニケーションが円滑にゆかず誤解を招きかねません。

　そういった意味でも、日本でも司法通訳の指導を受けたろう通訳者が必要になるのは明らかです。また、司法現場でのろう通訳が普及すれば、ろう者も通訳を通して法律、司法制度などへの理解が深まるはずです。

　「ろう者が聴者の手話通訳者を連れて聴者である担当者と相談す

　る場合（法律相談だけでなく警察署での事件相談や市町村役所での相談、

児童相談所や女性センターなどでの相談、ハローワークでの相談なども含
む）、ろう通訳者がいたほうが事実関係を適切に伝えられるのではと
感じています」

と、あるろう弁護士は話しています。

■注
1　本報告書については、NCIEC は現在解散しており（第１章３節注１〔60 ページ〕参
　　照）、発行したものについては公開されているため使用可能ということで全訳の許可を
　　いただいています。
2　通常の（standard）ASL というのは、一般にろう者や聴者の間で使われている ASL
　　を指す。例えば聴者の手話通訳者の ASL がそれであり、つまり非ネイティブの ASL
　　だが、一般のろう者は理解できる。しかし、ネイティブの ASL でないと理解できない
　　ろう者もおり、ろう通訳が必要であるという理由の一つになっている。
3　サイトトランスレーション：第３章１注５参照。

■参考文献・サイト
（1）NCIEC 概況報告書
Deaf Interpreters as reasonable accommodation, FACT SHEET,
https://www.ncsc.org/__data/assets/pdf_file/0021/19623/fact_sheet_deaf_interpreters_
　　as_reasonable_accommodations.pdf

（2）カリフォルニア州における法廷でのろう通訳利用について
Recommended guidelines for the use of Deaf intermediary interpreters,
https://www.courts.ca.gov/documents/CIP_GID.pdf

（3）ろう者が被告である裁判のケース
Deaf Interpreters in Court: An accommodation that is more than reasonable, NCIEC,
http://www.interpretereducation.org/wp-content/uploads/2011/06/Deaf-Interpreter-in-
　　Court_NCIEC2009.pdf

（4）これからの日本の司法関係現場に望むこと
山本譲司 2006『累犯障害者　獄の中の不条理』新潮社

■協力者
若林亮　（ろう弁護士）

コラム1

ろう通訳はいつから始まったのか

蓮池通子

手話サークルや、地域のろう者協会の行事などで、年配のろう者からこんな話を聞いたことはないでしょうか。

「昔は、映画を見に行った友人が、その内容をみんなに話してくれた」
「文章を書くのが得意な先輩が、自分たちの話を文章で大人に伝えてくれた」

これらはろう者コミュニティ内で行われていた、まさにろう通訳なのです。

先ほどの映画の例では、友人の主観で少し脚色が入ることがあるかもしれませんが、字幕のない時代、そして誰もがみんな映画に行けるという時代ではなかった頃に、このようなことが行われていたそうです。

また、文章が得意なろう者が、仲間や後輩の話を文章にして伝えると言う例は、翻訳作業も含まれるれっきとした通訳と言えるでしょう。かつては、手話通訳を派遣する制度などはありませんでした。通訳が必要なときには、家族やろう学校の先生に頼るしか方法がありませんでした。また、その後手話通訳派遣制度が始まっても、十分な手話通訳者養成が行われるには至らず、手話通訳者の読み取りが不十分であることも多かったそうです。そのような中で、ろう者たちが権利獲得を訴える活動をするために、ろう者協会や聴覚障害者協会をつくり、手話通訳者がいない中でも自分たちの意見を伝えるためにこのような通訳活動がなされてきたそうです。

このような通訳は、ろう者コミュニティの中で行われることが多く、広く知られることはありませんでしたが、ろう者は昔から通訳者として活動していたといえるでしょう。今、みなさんが目にしているろう通訳は決して最近生まれてきたものではありません。ろう通訳もろう者コミュニティの中で受け継がれてきたものなのです。

| 第2章 | # ろう通訳者の使い方 |

1　対面の場合

宮澤典子

(1) 診察、面談 (図 1)

　現在、日本では障害者総合支援法による意思疎通支援事業で手話通訳が提供されることが多く、その派遣件数の 8 割方を占めるのが医療関係の通訳です。1976 (昭和 51) 年、手話通訳ができる人を派遣する制度として手話奉仕員派遣事業が始まりました。当時から、手話通訳はろう者の権利と命を守ることが最大の目標でした。それは現在も変わりません。

　では、病院の診察場面の手話通訳を考えてみましょう。

　診察室には医師とろう患者がいます。医師は患者の容態を聞き、患者は自身の症状を訴え、医師は診断や治療方法を説明します。手話通訳者が医師の発話を理解するためには、医療に関する知識が不可欠です。そして、ろう患者の発話を理解するためには、ろう患者のもつ医療や保健に関係する知識の度合いや、それらをどのように表現することが多いかを知っていなければなりません。ところが、医療通訳を利用する割合の高いろう高齢者の手話表現は聴通訳者にとっては難解であることが少なくありません。何度聞き返しても言っていることが理解できないこともあります。また、手話を理解できないということは、それと同じような

医師から患者に向けた発話　　　　　患者から医師に向けた発話

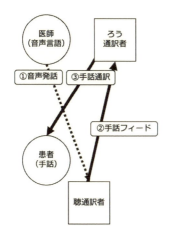 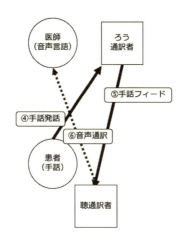

図1　診察・面談

手話を表現することもできないということです。つまり、ろう患者にとってはその訳出はわからないかもしれないのです。患者が盲ろう者の場合も、伝わりにくいことがあるかもしれません。そのようなときはろう通訳者と聴通訳者の協働が効果的です。

　医師とろう患者は向かい合って座ります。聴通訳者はろう患者の少し後方に立ちます。ろう通訳者は医師の隣に着席します。ろう患者が着座で医師とろう通訳双方を見ることができるように、ろう通訳者も着席し、ろう患者と視線を同じ高さにすることが望ましいです。もちろん、診察室の広さや椅子の有無により調整します。

①医師の発話を聴通訳者が聞き
②ろう通訳者に向けて手話でフィードします
③ろう通訳者は聴通訳者のフィードを見て、医師の発話を理解しろう患者に向けて手話通訳します。

④ろう患者が発言する際は、ろう患者の発話をろう通訳者が見て

⑤聴通訳者に向けて手話でフィードします

⑥聴通訳者はろう通訳者のフィードを見てろう患者の発話を理解し医師に向けて音声で通訳します。または、聴通訳者が直接ろう患者の発話を見て、日本語に通訳することもあります。

　診察や面談など手話話者と音声言語話者の会話の場合は、このような方法でCO通訳を行います。診察や面談などの場合は、通訳には同時通訳と逐次通訳という方法がありますが、診察や面談場面では通訳開始から終了まで一貫していずれかひとつの方法というわけではなく、その場の状況により、有効だと思われる方法を選択しながら通訳します。

(2) 講演会、学会

　講演会や学会などは、一人の話者が継続してスピーチを行います。講演会のようにスピーチが長時間になる場合は複数の通訳者が交代しながら通訳を行います。通訳は大変エネルギーを消耗するしごとなので、15分〜20分ぐらいで交代することが多いです。学会などでひとつの発表時間が20分程度の場合は一組のメイン通訳者とフィーダーが発表の通訳を担当し、質疑応答10分を別の組が担当するという配置が多いです。

①スピーカーが音声言語で話す場合（図2）

　講師とろう通訳者が壇上に立ち、聴通訳者であるフィーダーは壇の下でろう通訳者と向かい合う場所に着席します。講師の音声による発話を、聴通訳者がろう通訳者に向けて手話でフィードします。ろう通訳者は、基本的に聴衆に視線を向けながら、聴通訳者のフィードを視界に収めつつ、講師の話を理解して手話通訳します。講師の話に遅れず通訳するためには、フィーダーとメイン通訳者の迅速な連携が不可欠です。講演会

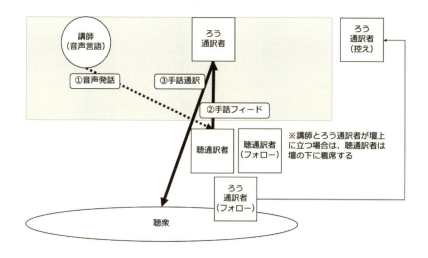

図2 講演会・学会（スピーカーが音声言語で話す場合）

等では、事前に講演資料を入手し、入念な準備をしておきます。メイン通訳者とフィーダーが講演内容について共通理解を深めておくこと、あわせて、頻出する語彙の表現を確認しておくことが大切です。お互いに理解している概念については、詳細な言語表現がなくても通じ合うものです。メイン通訳者とフィーダーの間で迅速な相互理解が進むと、ふたつの段階を経由する通訳でもタイムラグを縮小することができます。

②スピーカーが手話言語で話す場合（図3）

スピーカーが手話言語で話す場合は、フィーダーは聴通訳者に限定されません。フィーダーは講師が話す起点言語を理解できればよいわけですから、ろう通訳者でも聴通訳者でもどちらでもいいのです。そのため、世界ろう者会議や世界手話通訳者会議などにおいては、ろう通訳者とろう通訳者のペアもよく見られます。通訳の流れは①と同じです。

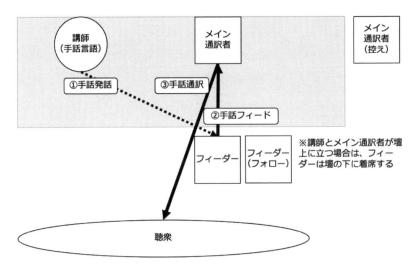

図3　講演会・学会（スピーカーが手話言語で話す場合）

③フィーダーではなく字幕を見て通訳する場合（図4）

　講師が音声言語で話したことをろう通訳者が通訳するためには、講師の発話をろう通訳者が受容しなければなりません。その受容の方法が、近年のICT技術の進歩により、聴通訳者のフィード以外の方法も採用できるようになりました。性能の良い音声認識ツールを使ったり、手話通訳と並行して文字通訳が提供されている場合は、ろう通訳者は文字表示されたものを読んで通訳することができます。いわゆるサイトトランスレーションです。ろう通訳者の足元に文字を提示するディスプレイを設置し、ろう通訳者はその文字を読みながら通訳します。しかし、万一のトラブル等に備えて、もう一人の通訳者がフォローとして待機します。人的資源と機械資源を上手に活用することで、手話通訳の方法は多様になってきました。

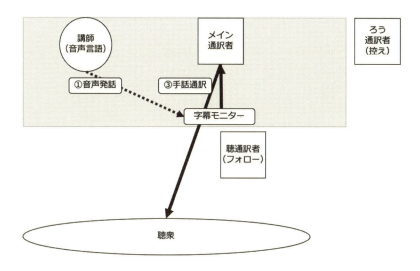

図4 講演会・学会（字幕を見て通訳する場合）

(3) 会見・放送

　2011年に発生した東日本大震災を契機に、首相や官房長官の会見に手話通訳がつくようになりました。その後、気象庁の臨時会見においても手話通訳がつくようになり、近年は新型コロナウイルス感染症に関する自治体首長会見にも手話通訳がつくことが定番となりました。情報アクセスという観点からも大変喜ばしいことです。

　会見における手話通訳の特徴は、通訳者の視線の先がカメラであることです。通訳者の目の前にろうの通訳利用者はいません。通訳者はカメラに向かい、カメラの向こうで見ているであろうろう視聴者を想定して通訳します。通訳の方法は一般のCO通訳と同じですが、ろう通訳者の視線がカメラから大きく外れないように注意が必要です。そのためカメラとフィーダーの位置をできるだけ近づけておいたり、他の視覚情報もできるだけカメラに近いところに配置します。

　日本では今のところ会見の通訳をろう通訳者が担当することはほとん

どありません。しかし、海外に目を向けると、このような会見において
もろう通訳者が通訳しているのをよく目にします。国連の諸会議や行事
および欧州議会などで手話通訳が必要な場合は、ろう通訳者が通訳を担
当することが増えてきました。通訳の方法は、聴通訳者によるフィード
を受けて通訳する方法や、文字を読んで通訳する方法などさまざまです。
複数の国の代表者に通訳を提供する場合は、国際手話が使用されること
が多く、WFD[1]-WASLI[2]認定の手話通訳者が活躍しています。2022年
スイスのジュネーブで開催された障害者権利委員会の建設的対話におい
ては、国際手話の通訳と対象国の手話通訳がついていました。

　会見ではありませんが、NHK手話ニュースのろうキャスターが行っ
ているのもサイトトランスレーションです。文字原稿をカメラプロンプ
ターという機材を用いてカメラレンズの前面に映し出し、キャスターは
それを読みながら手話でニュースを提供しています。この方法は、ろう
キャスターだけでなく、聞こえるアナウンサーなども活用しています。
キャスターやアナウンサーがカメラに視線を向けて話すことで、視聴者
は自分に向けて話されているような安定を覚えます。

（4）裁判

　通訳をつけることはまず裁判において法的に認められました。裁判所
法第74条で「裁判では日本語を用いる」と規定されていますので、日
本語を理解できない人や日本語を話せない人が出廷する場合は通訳人が
必要になります。刑事訴訟法第175条では「国語に通じない者に陳述を
させる場合には、通訳人に通訳をさせなければならない」、第176条で
は「耳の聞えない者又は口のきけない者に陳述をさせる場合には、通訳
人に通訳をさせることができる」と規定されています。

　聴覚障害者と裁判といえば、1965（昭和40）年に東京で起きた蛇の目
寿司事件が有名です。蛇の目寿司事件の裁判では、ろう被告人のために

通訳人がつきました。しかし、当時、日本ではまだ手話通訳に関する制度は整備されていませんでしたので、担当した通訳人はアドホック通訳者であり、ろう被告人が陳述したことを十分に通訳できる力量と法廷における通訳の倫理を持ち合わせていませんでした。この出来事から法廷をはじめ司法手続きにおける手話通訳の重要性が認識されるようになりました。

1970（昭和45）年からは手話奉仕員養成事業が開始され、現在に至るまで、手話通訳制度の充実が図られてきましたが、日本では法廷手話通訳人という専門の通訳者はいません。しかし、あきらかにニーズは存在しますので、意思疎通支援事業で登録している手話通訳者や、自治体や聴覚障害者情報提供施設に雇用されている通訳者たちがその任にあたってきました。先述のとおり意思疎通支援事業で派遣される通訳案件のほとんどは医療領域のものであり、司法手続きにかかる通訳というのは大変まれです。また、医療における通訳倫理と司法における通訳倫理は同一とはいえません。専門用語も多発し、緊張度もかなり高い状態で通訳をすることになります。それらの課題を克服するため、通訳者たちは自主的に司法領域における手話通訳のあり方について研鑽を積んできました。

しかし、残念なことに、法廷においてろう被告人の陳述が読み取れなかったり、ろう被告人に手話通訳が伝わらず、やり取りに支障が出ることがよく見られます。多いのはろう被告人が不就学だったり、ろうコミュニティとの接触が乏しいなどの理由から、言語能力が十分でないケースです。その個人特有の言葉の使い方があったりすると、聴通訳者では対応が難しくなることが多いです。そのような場合は、やはりろう通訳者との協働が有効です。ろう通訳者にとって手話は第一言語なので、第二言語を扱う聴通訳者よりも、手話のバリエーションに対応できます。検察官や弁護人の尋問の意図を把握し、ろう被告人が理解できる手話に

通訳することが可能です。また、ろう被告人の陳述に込められた意味やニュアンスを的確に理解することができます。手話の陳述はろう通訳者が的確に手話通訳し、それを聴通訳者が日本語に通訳します。

　法廷に登場するろう者は被告人とは限りません。証人として喚問されることもあります。それでなくても法廷は非日常的な空間でかなり緊張する場です。そのような場でろう者は自分一人だと思うと、さらに不安が増大します。そのようなとき、通訳人という言葉が通じる人、さらにろう通訳人という自分と同じろう者がいることは、通訳利用者の不安を軽減することにもつながります。

　司法通訳における倫理では、正確性と忠実性がことのほか重要視されます。そのため、ともすると直訳になることが多いように思います。日本語から手話に直訳することで、ろう被告人に発言の意味や意図が伝わらなかったり、手話を日本語に直訳することで日本語が破綻したり意味がずれてしまったりします。それでは通訳人が介在する意義がなくなってしまいます。正確性や忠実性を担保した翻訳・通訳とはどうあるべきか、ろう通訳者と聴通訳者および司法関係者との研究が求められます。

(5) 子どもに対する通訳

　これまで、手話通訳を提供する相手といえは成人ろう者を想定してきました。しかし、言語のバリアを解消する必要があるのはろう児も同じです。通訳者にとっては、対高齢者以上に難しいのが子どもに対する通訳です。小学生くらいまでの子どもはまさに言語を発達させている最中で、日頃成人ろう者ばかりを相手にしている聴通訳者には難解であることが少なくありません。ろうの子どもも聞こえる子どもも、幼稚園児などは、コンテクストを共有していないとなかなか理解できないような談話を話しますし、かわいらしい小さな手が繰り出す手話表現は、初対面の聴通訳者の目に留まらないことも多いのです。

ろうの子どもが手話通訳を利用する場面として思い浮かぶのは学校行事などでしょうか。全校朝礼の校長先生のお話や、外部から聴講師を招いての講演会、社会科見学で訪問先の施設でさまざまな説明を聞くなどの場面が想定されます。通常学校行事では、校内の手話ができる先生やろうの先生が通訳を担うことが多いかもしれません。先生であれば、日頃から子どもたちと接触していてコンテクストを共有していますし、子どもたちの手話にも慣れています。さらに、ろうの先生は自身の成長体験と共通することが多いので、何を言いたいのか、何を言おうとしているのか、どのように伝えると効果的かということを把握しています。

　しかし、ひとつ懸念があるとすれば、教師が通訳をする場合、教師は通訳に徹することができるのだろうかという問題です。ろうあ者相談員とろう通訳では立場や倫理が異なるように、ろう教師とろう通訳者はやはり立場が異なるのではないでしょうか。教師が児童生徒と相対するとき、翻訳・通訳を超えたアクション、つまり教育的観点が持ち込まれることがないとは言えないように思います。日本における手話通訳の任務範囲についてはさらに論議が必要なところですが、基本的に翻訳・通訳は「正確性・忠実性」「足さない・引かない」を基本としています。子ども向けの通訳で、子どもの概念に働きかけるためには、どのような作業が必要か通訳者や教育関係者を交えた研究が必要ではないかと思います。

　アメリカの複数の州では、子どもが司法手続きに臨む際には、かならずろう通訳者を配置することが規定されているところがあります。子どもが単独で司法手続きに臨むなど日本では考えられないことですね。たとえば両親の離婚にあたりどちらの親についていくか（親権をどちらが所有するか）子ども当人の意見を聞くことがあるそうです。そのような場合、子どもの手話が理解できること、子どもがわかる通訳ができること、子どもが安心して司法手続きに参加できることのためにろう通訳者

が配置されます。日本では、保護者が代弁したり、学校の先生や児童支援施設の職員が通訳をしたりすることが多いです。しかし、アメリカでは、司法手続きの場に有資格の通訳者以外は入室できないそうです。それぐらい通訳者と支援者を区別しているということです。日本でも、子ども当人の意見を確認すべき場面は多々考えられます。児童相談所や診察、カウンセリング等、これまで保護者や教師任せにしてきた場面に、有資格のろう通訳者が配置されることで、子どもの人権が守られることになります。

　もちろん、いずれもろう通訳者と聴通訳者の協働となりますが、どちらの通訳者も、通訳技術だけでなく、教育や児童心理、児童発達についての知識が不可欠であることはいうまでもありません。

■注

1　WFD：World Federation of the Deaf（世界ろう連盟）

2　WASLI：World Association of Sign Language Interpreters（世界手話通訳者協会）

2　オンラインの場合

蓮池通子

　近年、新型コロナウイルスの世界的な感染の広がりとその拡大防止のための行動制限などが行われる中で、手話通訳のオンライン化が一気に進みました。ただ、一口に「オンライン手話通訳」といっても、実際の通訳方法は複数存在します。オンライン手話通訳をろう通訳者と聴通訳者の手話通訳チームが担う場合には、通訳チームとしての通訳方法を組み合わせて考える必要があります。ここでは、これまで手話教師センターで実施してきたオンライン手話通訳から、いくつかの具体例を取り上げて、その場面や通訳方法、通訳配信方法、ろう通訳者と聴通訳者との位置関係などについて、図など使いながら説明します。

（1）通訳実施場所と手話通訳者の位置関係

　オンラインで手話通訳を提供する場合、1）主催者、2）講師（話者）、3）ろう通訳者、4）聴通訳者、5）利用者（参加者）という、5者の位置関係がポイントとなります。この5者の位置関係によって、必要機材や配信方法などが変わってきます。

　この位置関係について、①配信型（主催者と講師、通訳者が同じ場所にいて、参加者はオンラインで視聴する場合）、②完全オンライン型（主催者と講師、そして通訳者それぞれが別の場所にいて、参加者もオンラインで視聴する場合）、③複合型（①と②が複合した状況の場合）の3つに分けて取り上げます。

①配信型

　主催者、講師、通訳者等、講演会を実施・提供する関係者が全員配信場所である会議室等に集合し、主催者の準備した機材とビデオ会議システムで配信を行い、参加者はオンラインで視聴する場合が「配信型」です。

第2章　ろう通訳者の使い方　　89

会場は主催者所有の施設や主催者が準備した会場などで、配信に関する機材やその接続・設定等については、主催者が準備することが多く、講師や手話通訳者は通常の対面通訳と同様、機材等は持たずに会場にいき、準備を行います。

　ろう通訳者は、配信用のビデオカメラや、PC 端末のカメラに向かって正対して立ち、これと向き合う形で、少し離れたところに聴通訳者が立ちます。聴通訳者は配信用のビデオカメラに映らないように、カメラや PC 端末の近くに立ち、カメラの画角外からろう通訳者にフィードを行います。フォローも同様にカメラに映らないところから行います。

　聴通訳者が講師の発話音声を取得する方法は、同じ部屋にいるために講師の生声を直接取得する方法や、拡声マイクを通して大きくした音声を取得する方法が一般的です。この他にビデオ会議システムに接続した PC からワイヤレスイヤホン等無線のものを使用し、音声を取得します。

②完全オンライン型

　主催者、講師、通訳者が全て別の場所（自宅や職場等）にいて、参加者もオンラインで視聴する場合が「完全オンライン型」です。

　主催者は自身の所有する建物や担当者各個人の自宅等から、講師は自宅または勤務先等から、そして手話通訳チームは各個人が自宅等からビデオ会議システムに接続し集合します。

　通訳チームは各自自宅等から Zoom 等のビデオ会議システムに接続をするため、自宅等に配信できる複数の PC 端末や機材、そして安定したビデオ会議を行うための高速のインターネット通信環境が必要です。

　この方法では多くの場合、講演会配信用のビデオ会議システム回線とは別に、手話通訳用の回線として別のビデオ会議システム接続が必要になります。そのため、手話通訳者側では配信用（または配信確認用及び音声取得用）と手話通訳用別回線接続用と、PC 端末が 2 台以上必要です。

③複合型

オンライン通訳の場合、これまでの①や②に限らず前述の5者の位置関係は、複数の組み合わせが考えられます。例えば、以下のような場合でも実施可能です。

1) 主催者、講師が同じ場所（配信会場）にいて、手話通訳者と利用者（参加者）が各自、自宅等からビデオ会議システムに接続する。

2) 主催者と手話通訳者が同じ場所（配信会場）にいて、講師のみが自宅や職場等からビデオ会議システムに接続する。

場合によっては、手話通訳チームとして通訳会場を設定し、そこに手話通訳チームだけが集合して、主催のビデオ会議システムに接続する方法も考えられます。しかしこの方法は、手話通訳者として貸し会議室等を用意する必要があり、その費用を誰が負担するのかという問題が発生することになります。複合型の場合、どこでどのように通訳を行うか、主催との事前の打ち合わせや、コーディネーター側での案件受諾の際に通訳方法の検討と確認が必要であり重要です。

(2) 手話通訳チーム内での通訳方法について

前項で少し触れていますが、手話通訳チームの位置の組み合わせについて説明します。

1つの会場に集合する

主催や講師と同じ場所か否かに関わらず、手話通訳チームが全員同じ場所（貸会議室等）に集まって通訳を実施します。機材は、オンライン会議システムに接続できる端末2台（ろう通訳配信用、聴通訳音声取得・画面確認用）が最低限必要となります。さらに通訳環境を最適化するためには、聴者通訳の音声取得方法、読み取り通訳発生時の対応方法、ろう通訳者の立ち位置からの資料・画面確認方法について検討し、追加で

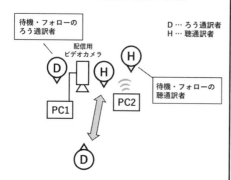 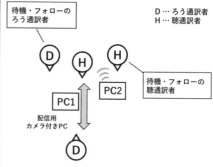

図1 同一会場に集合した場合の機材等配置図

機材が必要であれば準備しなければなりません。

ろう通訳者は、カメラに映らない場所にいる聴通訳者からフィードを受けて、講演会配信用のPC端末のカメラ（または、撮影用ビデオカメラ）に向かって通訳を行います。

読み取り通訳発生時には、聴通訳者は音声取得・画角確認用のPC端末で通訳対象者の姿を確認し、読み取り音声をビデオ会議システムに流します。

例として、これまで実施してきた場合の機材等配置図を図1に示します。

各自自宅等からオンラインで接続する

手話通訳チームは、全員が各々の自宅等にいて通訳を実施します。

この方法の場合、多くは講演会配信用のオンライン会議システム（接続）に加えて、通訳者同士が連絡を取り合うための通訳者用のオンライン会議システム（接続）が必要になります。

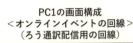

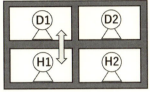

図2　各々が異なる場所から通訳する場合の機材等配置図

　そして通訳者は、全員PC端末が2台必要になります。ただしその端末の使用目的はろう通訳者と聴通訳者で異なります。ろう通訳者は、①1台はオンラインイベント用のビデオ会議システムに接続し、通訳映像を配信し、イベントでの画面共有資料や話者の様子を確認するために使用します。そして②もう1台は聴通訳者からのフィードをもらうためにイベントには接続しないビデオ会議システムを通訳用回線として立ち上げ、そこに接続します。聴通訳者は、前述の②に接続し、もう1台は音声取得と会場の様子、資料確認のためにイベント用の①に接続します。

　ろう通訳者の交代はイベント回線の方①で、カメラのオンオフを使って行います。フィードを行う聴通訳者の方は、フォローのろう者も含めて、通訳用回線②で、ビデオのオンオフで交替したり、ビデオをオンにしたままで交替やフォロー、業務連絡などを行います。

　例として、これまで実施してきた場合の機材等配置図を図2に示します。

(3) その他の注意点

　これまで見てきたようにオンラインでのろう通訳の実施には、主催者側、ろう通訳チーム側、両方にある一定程度、ビデオ会議システムの操作を含めた機械やソフトウェアの操作が必要になります。さらに、トラブルを未然に防ぐための準備ができ、そしてトラブルが起きたときに落ち着いて対処し、復帰できるという知識と技術も必要になります。その上で、ろう通訳チームが上手く機能するためには、事前のシミュレーションや通訳経験も大切になります。

　また、これらの通訳を配置するためには、主催者側とろう通訳チームをつなぐコーディネーター的な立場を担える人材も必要になります。このコーディネーター的な立場の人は、主催者側にろう通訳や手話通訳、ビデオ会議システムに関する十分な知識のある人がいる場合は、ろう通訳チーム側には不要かもしれません。もし、主催者側にそのような人材がおらず、ろう通訳チーム側で担当する場合には、チーム内でリーダーとなる人が担当する場合もあれば、別途専門の人がコーディネーターとして通訳チームに加わる場合もあります。行事の規模と予算の関係で配置の有無が決まってくるでしょう。

(4) まとめ

　オンラインでろう通訳を実施する場合には、5 者の位置関係や、配信するまでの接続方法や通訳言語の流れなどを事前に漏れのないように決め、確認しておく必要があります。可能であればリハーサルを行うことで、さらに安心して当日に臨むことができます。今回提示した接続図等をもとに、実施する際の通訳の流れがどのようになるのかを、主催者とろう通訳チームでよく確認し、共有することをおすすめします。

3　動画の場合

小林信恵

（1）はじめに

　近年、画面をとおして手話通訳を見る機会が増えてきました。首相や官房長官、各自治体の首長会見などで手話通訳者の姿を目にします。また、リアルタイムの手話通訳だけではなく、展示解説や各所のアナウンスで繰り返し放映される手話動画も増えてきました。

　近年は行政も、YouTube 公式チャンネルをもち、広報紙だけではなく動画で広報することも増えてきました。たとえば、東京都では、「東京都公式動画チャンネル」があり、「東京デイリーニュース」や都知事会見などを動画で配信しています。「東京デイリーニュース」は事前に収録したものを編集して公開していますが、都知事会見は生で行われる会見の様子を収録し配信しています。どちらも手話通訳がついていますが、現在はいずれも聴者が通訳を担っています。リアルタイムで原発言が音声の場合は、聴通訳者とろう通訳者が協働して通訳を行うことができます。両者に熟練したスキルが不可欠ですが、収録型の動画の場合は事前原稿もあってリハーサルをすることもできます。また、納得できるまで撮り直すことが可能ですので、観る側の満足度が高まるでしょう。

　JAL（日本航空株式会社）や ANA（全日本空輸株式会社）など国内大手航空会社では、離陸前に流される機内安全ビデオに手話通訳がついています。ANA の機内安全ビデオは画面に手話通訳のワイプが挿入されており、搭乗者全員が手話通訳付きビデオを観ることができます。日本語アナウンスの部分には日本手話がつき、英語アナウンスには国際手話がついています。通訳者はいずれもろう者です。JAL は離陸前に流される機内安全ビデオとは別に、手話通訳挿入版のビデオがあり、JALのポータルサイトからアクセスして観ることができます。自ら映像にア

クセスする必要がありますが、ワイプではなく手話通訳者が前面に大きく登場していますので、手話が見やすいというメリットがあります。2社のビデオの作り方は異なりますが、いずれにしても、搭乗者に手話話者がいることを想定し、合理的配慮を提供していると言えます。

　また、世界遺産である京都の仁和寺では、参拝者の目に留まるところで寺院の紹介ビデオが流されており、ワイプでろう者による手話通訳が挿入されています。ほかにも、美術館や博物館などで、手話による解説のモニターが設置されているところが見られるようになりました。美術館や博物館の解説といえば文字によるもので、日本語だけでなく英語など外国語の併記が定番でしたが、最近はこのように手話も見られるようになりました。このようにリアルタイムの通訳ではなく、収録した動画を使う場合は、日本手話話者であるろう者が手話通訳をするとよいでしょう。

　2022年9月から11月まで、国立民族学博物館で「Homō loquēns『しゃべるヒト』ことばの不思議を科学する」という特別展がありました。その展示会場では、すべてのコーナーに日本語と英語、さらに日本手話と、3つの言語による解説が設営されており、ろうの入場者に大好評でした。すべてのコーナーに手話による解説があったので、1日かけて隅から隅までじっくりと観ることができ、展示内容がとてもよく理解できたという喜びの声が多く寄せられたそうです。もし、一般的な日本語や英語の解説だけだったら、それほど楽しめなかったかもしれません。

(2) 動画にろう通訳を付ける
①通訳されたものには著作権がある

　あまり知られていませんが、通訳されたものには著作権が発生します。原作や原発言に著作権があるのは当然ですが、それだけではなく、通訳したものにも著作権は発生します。さらに手話通訳の場合は顔が映るの

で、通訳者に対する肖像権も発生することになります。基本的に通訳は
リアルタイムで一度訳出すれば終わるその場限りのものですが、動画は
保存され何度も再生されます。公開期間が限定されているものもありま
すが、デジタルタトゥーとして半永久的にインターネット上に残ること
も考えられます。ですから、著作権および肖像権のことを鑑みて、一般
の手話通訳報酬よりも高額に設定されることが多いです。

②制作側の留意点

　動画に手話通訳を挿入したい場合は、やはり通訳が見やすくなければ
なりません。これまでワイプで手話通訳を挿入したものは、小さいもの
が多いです。それでは肝心の手話がよく見えません。ワイプはできるだ
け大きくしてほしいところですが、できれば、逆L字型画面などで手話
通訳者が前面に登場するような画面を作ってもらいたいものです。

　または、クロマキー合成で元動画に手話通訳者を埋め込む方法もあり
ます。その場合は、はじめから手話通訳者が埋め込まれることを想定し
て元動画を撮影します。手話通訳者を合成したことによって元画面の重
要なメッセージが隠れないこと、手話通訳者と字幕が重ならないことな
どに留意して、元動画を撮影するとよいでしょう。

　ワイプの場合、手話通訳の手がワイプからはみ出て手が切れてしまう
ことを気にする制作者が多いですが、ろう者は通訳の手が少し切れても
さほど気にしません。手話を理解するうえで支障はありません。ですか
ら、神経質になりすぎてワイプ内の手話通訳者を小さくしてしまうと、
全体的に手話が見えなくなって逆効果ですので、手話通訳者はできるだ
け大きく入れてほしいものです。

　学会など研究発表の動画に手話通訳を挿入することもあります。ひと
つの画面に発表者とパワーポイントなどのスライドと手話通訳者が配置
されることになります。そうするとスライドの文字が小さくなり、読め

なくなってしまいます。手話通訳を入れた動画を作成する予定がある場合は、はじめから、画面の見え方を考慮して準備するとよいでしょう。

③手話通訳者自身の留意点

服装と背景の色

　手話通訳をする場合は、服装の色にも配慮したいものです。黒、紺、ディープグリーン、チャコールグレー、ダークブラウンなどの濃い色が望ましいです。海外では、紫や赤を着ている通訳者を目にすることがあります。衣装の色だけでなく背景の色も重要です。衣装が濃い色の場合、背景色は淡い色が良いのですが、真っ白はハレーションしやすく、目が疲れます。アイボリー、ライトグレー、水色、薄い緑色など柔らかい色がいいでしょう。

　先述の JAL の機内安全ビデオの背景色は赤でした。赤は JAL のイメージカラーですね。技術を駆使して作成されたものと思いますが、手話の邪魔にならず、目が疲れることもなく、良い仕上がりとなっており意外でした。いずれにしても、手話はろう者が見るものですから、現場にいるろう通訳者は、ろう視聴者のひとりとして意見を述べることも大切です。

通訳準備

　手話通訳は必ず事前に入念な準備をします。事前収録された動画に手話通訳を挿入する場合は、台本などをもとに、発言をどのように翻訳するか考えます。できれば、撮影時はネイティブチェッカーに同席してもらうとよいでしょう。通訳しているとどうしても起点言語に傾きがちになります。そのとき、手話母語話者であるろう者が、日本手話の表現をチェックしてくれると安心です。さらに、聴手話通訳者が、日本語の原発言と通訳されたものが等価であるかどうかダブルチェックできれば万

全です。予算的に3人揃えることが難しい場合でも、せめて、ろう通訳者とネイティブチェックできるろう者のふたりは確保してほしいところです。また、講演会など複数のろう通訳者で通訳する場合は、キーワードの手話表現は統一しましょう。

④収録時の留意点
撮影方法

　撮影方法には3とおりあります。まず、元動画に挿入された字幕を見て手話を撮影する方法があります。その場合、字幕を目で追う様子が視聴者にわかってしまうのは望ましくありません。できるだけ視線はカメラに向けます。もちろん、事前に台本を読み込んでいますので、ある程度内容は記憶しているはずです。元動画の字幕は発話のタイミングをつかむためと、記憶の補助として使用します。字幕に頼り切るのではなくあくまでも補助的に使用し、字幕を注視しないようにしましょう。

　元動画に字幕がついていない場合は、聴通訳者によるフィードを見ながら通訳する方法と音声を文字起こししたものを見て通訳する方法があります。聴通訳者のフィードを見ながら通訳する場合は、フィーダーの手話とカメラレンズをできるだけ近づけると、通訳者の視線を大きく移動させずに済みます。その場合、フィーダーの手がカメラに映りこまないように留意する必要があります。

　文字起こしした文字表示をみて通訳する場合は、元動画を映すモニターと文字表示のモニターを並べることになります。通訳者に必要なのは、通訳するための文字表示ですから、文字表示のモニターをカメラの近くに置き、元動画は内容の進捗を把握するために補助的に見えれば大丈夫です。文字表示は、元動画から流れる発言のタイミングに合わせて次から次へと表示させます。画面上、複数行にわたって表示されますので、ろう通訳者がどの行を見れば良いか混乱することもあります。そこでモ

国立障害者リハビリテーションセンター障害者週間記念特別講演の手話通訳撮影風景（2023年11月）

［上］収録前のカメラ（奥のモニターの前に設置してある）と画面の高さや照明等の調整をしているところ。奥のモニターは企画課が作成した字幕入り動画。手前のモニターは通訳者自身の映像（確認用。現地に大きなモニターがあったので利用しているがもっと小さくてもよい）。

［下］撮影後に、カメラの中に入っている映像を手前のモニターに出し、映像の確認をしているところ。

収録場所：国立障害者リハビリテーションセンター学院
写真提供：深井裕美子さん

ニター画面に色のついたテープなどを貼っておきます。発言の進行に合わせて文字表示をスクロールアップし、訳出すべき文がテープの上部に表示されるように調整します。また、文字の大きさも考えなければなりません。文字が大きいと見やすくて良いのですが、スクロールの頻度が高くなります。逆に文字が小さいと一画面に表示される情報は多くなりますが、小さくて見にくいかもしれません。ろう通訳者の好みもありますので、事前に調整が必要です。発言にあわせて文字表示を調整する聴者と、文字表示を見ながら訳出するろう通訳者の連携も重要です。お互いのタイミングを合わせるため入念なリハーサルが必要です。

機材と記録

写真撮影やテレビ撮影の場合は、さまざまな照明が使われます。また、

きれいに見えるようヘアメイクが施されます。手話通訳を撮影する際も、手話や通訳者の顔がきちんと見える明るさが必要ですが、照明やヘアメイクは撮影場所によってさまざまです。入念にヘアメイクし照明にも気をつかう現場もあれば、特別な機材を用意せず天井照明だけで撮影する現場もあります。背景も専用の背景紙や布を使用するところもあれば、薄い色の壁の前で撮影することもあります。制作予算との兼ね合いかと思います。

また、収録後の編集作業を楽にするため、収録時に記録を取ります。収録中にミスがあり撮り直さなければならないようなとき、「テイク1」「テイク2」などと動画に写し込み、何回目の動画を使用するのかをわかるようにします。また、撮り直しの入る時間なども記録しておきます。

動画のクレジットに通訳者名を表示するかどうかという問題もあります。通訳者自身が判断することですが、通常、通訳はメインの登場人物ではないので名前を出さないことが多いです。

また、YouTubeにアップする動画や、美術館や博物館の解説動画には再生時間を表示しておくと親切です。

編集

動画の編集の際は、手話がわかる人との共同作業が不可欠です。手話の訳出が完了したかどうか、音声と訳出のタイミングなどの判断が必要で、手話がわからない人だけでは作業ができません。そして、編集が完成したら、公開する前に再度ネイテ

国立障害者リハビリテーションセンター　障害者週間記念特別講演 2023年（配信動画）：丸山正樹さん『デフ・ヴォイス』を刊行して12年、変わったことと変わらないこと』
向かって左側は丸山さん、右側はろう通訳者。通訳の画面は大きめで見やすくなっている。
写真提供：国立障害者リハビリテーションセンター

ィブチェックをしましょう。ろう者に確認してもらい、お墨付きをもらってから公開すると安心です。

　今後、インターネット上だけでなく、美術館や博物館、水族館など解説が必須の施設、また、さまざまなアナウンスの場面で文字と同様に手話が表示されるようになることを期待します。

4　テレビの場合

蓮池通子

テレビ放送に手話通訳をつける場合には、その放送番組が生放送か事前収録放送か、あるいは手話通訳を番組収録と同時に行うのか、すでに番組状態になっている VTR に手話通訳をつけるのかなど、番組の放送・収録形態によって通訳の方法も変わります。

ここでは、番組の放送・収録形態をいくつか取り上げ、これまで実際に行った通訳方法をご紹介します。

(1) 番組の放送・収録形態と通訳方法
①生放送の番組に手話通訳をつける

2020 オリンピック・パラリンピック東京大会の開・閉会式や、2023年4月に行われた統一地方選挙の開票速報など、今まさにテレビで生放送されている番組にろう通訳をつける場合の方法です。

生放送の場合でも、ⅰ）進行台本がきっちりと事前に決まっていて、タイムスケジュールや放送内容がその進行台本に沿って行われるものと、ⅱ）進行台本はあるものの、実際に行われているイベントや開票速報のように状況や内容が時々刻々と変化するものとがあります。

ⅰ）の場合にはリハーサルに参加して実際に本番に近い状況で事前練習をすることが可能ですが、ⅱ）の場合には、仮にリハーサルを行ったとしても内容が定まっていない部分については、事前にいくつかのシナリオを想定して準備するしかありません。そのためきっちりとしたリハーサルを行うことはできない状況になります。

ⅰ）とⅱ）のどちらの方法でも、ろう通訳者は、「カンペ」と呼ばれる進行台本を大きな紙に印刷したものを提示してもらい、それを参考にしながら、聴通訳者からのフィードを受けて通訳を行います。しかし、

第2章　ろう通訳者の使い方　　103

ⅰ）とⅱ）を比べると、ⅱ）の場合のほうが次にどのような内容が来るのか、手話通訳チームでも把握しづらいためにチーム内でのフォローと連携が重要になってきます。

　生放送中の番組の画面に手話通訳を合成して放送するため、間違いなどは即座に訂正する必要があります。手話通訳チームは画面に出ているろう者通訳とフィードを担当している聴者通訳の2人だけではなく、チーム全員でフォローそしてチェック体制を取りながら通訳をしています。必要に応じて、通訳チームとは別にチェック担当者を配置することもあります。

②番組収録時に手話通訳をつける

　この収録形態では、30分番組をパートに分けて撮影し、後で編集してつなげるのではなく、30分番組であれば、30分間カットしたりパート分けせずにカメラを回して、撮影して番組を作る方法です。その番組収録の際に手話通訳も同時に収録（同録）するので、ある意味①の生放送に手話通訳をつけるのと同じような形態になります。この場合は、たいていの場合、収録内容や進行台本がきっちりと決まっていることが多く、事前にリハーサルを行うこともできます。また、ろう通訳者は①でも触れたカンペを参照しながら、聴通訳者のフィードを受けて通訳を行います。この形態でも間違った場合には再度収録することはできませんので、細心の注意をはらいながら通訳を行います。

③すでに収録・編集済みの番組に手話通訳をつける

　この形態は、みなさんが一番良く目にするNHKのEテレで放送されている「＃ろうなん」で多く使われています。完成形に近いかたちの収録・編集済みの番組動画に、別の日に撮影した手話通訳の動画をワイプ等で合成して手話通訳をつけるものです。

この場合、ろう通訳者は、番組動画に「手話通訳用の字幕」をつけてもらい、その情報をフィード代わりに使って通訳を行います。一方、聴通訳者は、フィードは行わず、番組動画内での音声・音情報や日本語の特殊な言い回しなどについてのチェックを担当することが中心となります。また、通訳映像を収録するスタジオ内で、番組制作スタッフとろう通訳者のやり取りを通訳します。

前述の「手話通訳用の字幕」というのは、番組動画内で、音声で話している人の言葉を要約せずに文字におこし、字幕にしてあるもので、話者によって字幕の背景色を変えてあります。この字幕は、番組動画の画面上部に表示されるようになっています。字幕が画面の下ではなく、上部に配置されているのは、ろう通訳者がこの手話通訳用の字幕が表示されているモニターを見ながら、そのモニターの上に配置されたカメラに向かって通訳をするためです。さらにこの字幕は、話者が話し始めるタイミングで字幕が表示され、話の速度がわかるように矢印で行頭が指し示され、話し終わるタイミングで字幕が消えるように作成されています。

この形態の場合、必ず1～2日前までには手話通訳用の字幕付きの動画と番組の台本が通訳チームに送られてきます。それを元に自宅で練習を行い、手話通訳映像撮影の収録日を迎えるという流れになります。手話通訳は番組動画と合成前の事前収録になるため、間違いなどがあった場合には、その場で再収録を行い修正します。その後、番組制作スタッフの方で編集を行い、番組映像と手話通訳映像を合成して完成となります。

(2) テレビでの通訳——メリットとデメリット

メリット

可能な限り通訳しやすい環境を整えてもらえるのは大きなメリットです。通訳をする際に必要な機材や情報取得方法（音声や参考情報等）、場

合によっては手話通訳用の字幕なども調整・準備してもらえます。

　すでに収録・編集済みの番組動画へ手話通訳をつける場合には、手話通訳は別の日に収録となるため事前練習や撮り直しをすることが可能です。

　　デメリット

　テレビ番組の制作は時間との勝負、放送日までに内容を何度も確認し、ブラッシュアップされています。そのため、手話通訳をつける番組の詳細情報が、通訳実施の直前にならないと手に入らないということが多くあります。手話通訳者は短期間・短時間で日本語資料を読みこなし、テレビ放送に適した手話通訳の語彙選択・翻訳を考える必要があります。固有名詞や数字・数値などを含め、間違いが許されない、非常に緊張度の高い通訳現場であると言えます。

コラム2

英国エリザベス女王の国葬と情報アクセシビリティ

蓮池通子

　ある日、Twitter（現・X）のタイムラインをぼんやりと眺めていると、とある英語のツイートが目に留まりました。そのツイートは、「本日はイギリス手話（BSL）のコミュニティを含めたすべての英国人に重要な日です。午後5時に情報保障を準備するのでBBCを見てください（筆者訳）」という内容の文章とともに、イギリス手話で同じ内容を説明する動画がついたものでした。

　その日の夕方、イギリスではエリザベス女王の崩御が発表されました。

　その後、イギリス政府は、女王の国葬に関する情報をホームページ上に掲載しました。その中には、女王の棺に最後のお別れをしたいと希望する人たちのためのアクセシビリティに関する情報も含まれていました。現在もそのガイドラインを以下のホームページで見ることができます。

Accessibility arrangements for Her Majesty The Queen's Lying-in-State
（女王とのお別れのアクセシビリティガイドライン）（筆者訳）
　https://www.gov.uk/government/news/accessibility-arrangements-for-her-
　　majesty-the-queens-lying-in-state

　このホームページでは、ウエストミンスター寺院に安置された女王の棺にお別れを伝える人たちのためのアクセシビリティが詳しく記載されています。もちろん、イギリス手話の動画も付けられていますし、写真やイラストを使い、短い英文で作られたわかりやすいガイドも別に用意されています。

　国葬当日は、女王の棺がロンドン市内の縁の地をめぐり、そのあと埋葬されるウィンザー城へ車で移送されます。その際に沿道から車列にお別れを望む人たちのた

めに、どこで手話通訳や字幕通訳を得られるのか告知がなされています。

　例えば、アルバート記念館では、手話通訳者とヒアリングループが用意されていること、ハイドパークでは、大型モニターを使ったパブリックビューイングが行われ、イギリス手話と字幕の準備がなされることが告知されています。そして、自宅で視聴する人に向けてテレビでも BBC Two でイギリス手話付きの放送がされると告知されています。これは日本でも 2020 オリンピック・パラリンピック東京大会時の開・閉会式で、手話通訳付き放送があったように、BBC One が NHK 総合同様、手話通訳のない放送を、BBC Two が NHK E テレ同様、手話通訳付き放送をするというように、日本と同じ方式を取っていたようです。

　その後、チャールズ国王が即位し、戴冠式そしてパレードが行われました。このときにも同様のアクセシビリティ情報がホームページで告知されていました。もちろんホームページには、イギリス手話での説明動画が字幕付きで提供されています。こちらは、お祝いごとなので華やかな雰囲気の動画になっています。

■参考 HP 等

重要な発表があることを知らせるツイート

　https://twitter.com/MoriartyEddie/status/1567904560626155521?s=20

葬儀の手話放送を知らせるツイート

　https://twitter.com/MoriartyEddie/status/1570711435013140481?s=20

Accessibility arrangements for Her Majesty The Queen's Lying-in-State

（女王とのお別れのアクセシビリティガイドライン）

　https://www.gov.uk/government/news/accessibility-arrangements-for-her-
　　majesty-the-queens-lying-in-state

Plans for public to watch Her Majesty The Queen's funeral announced

（女王の国葬に関するお知らせ）

　https://www.gov.uk/government/news/plans-for-public-to-watch-her-
　　majesty-the-queens-funeral-announced

■注
コラム 2 で紹介した HP は 2024 年 7 月 22 日現在、視聴可能ですが、今後リンク切れの可能性もあります。

第3章　ろう通訳者の資格化について

1　海外における資格試験

森 亜美

　「世界のろう通訳とろう通訳者」（第1章3節）で取り上げたアメリカ、オーストラリアなどの国では、ろう通訳者の資格や認定は聴者の手話通訳資格制度とリンクしていることが多くあります。

　中でも、アメリカとオーストラリアの場合は、まず通訳養成クラスを受講するなどして通訳試験を受けるための条件を満たし、それから受験、合格すれば認定、と流れが決まっています。ここで両国の通訳資格取得について述べましょう。

(1) アメリカの例

A. 通訳試験の方法

　アメリカでは、手話通訳者協会（Registry of Interpreters for the Deaf, RID）が全米の手話通訳者の認定、登録等を担っています。手話通訳試験は、手話通訳試験センター（Center for the Assessment of Sign Language Interpretation, CASLI）によって実施されます。

　ろう通訳者志望者は、40時間の通訳養成クラス（「ろう通訳カリキュラム」に沿った指導を受ける等、全米各地でワークショップが開催されていま

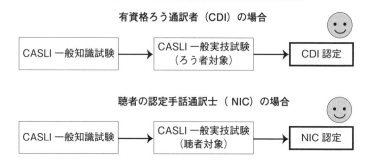

図1　新たに CASLI 一般知識試験を受験する者：
CASLI 一般知識試験（ろう、聴者同じ）→ CASLI 一般実技試験（ろう通訳者向け）→
合格して CDI 認定得る

す）を受講することが決まりです。そのクラスを修了後受験の申し込みをします。

　まず知識試験に合格し、それから実技試験を受けて合格して初めて資格を得ることができます。この知識試験の内容については後述の「B. 試験の内容について」で詳しく述べます。

　これまでは、ろう通訳者志望者が受験する知識試験は、ろう通訳（CDI）知識試験で聴者の一般知識試験とは別に実施されていました、しかし現在は、聴者と同じ内容の CASLI 一般知識試験に移行中です。この試験は、半分はアメリカ手話、あとの半分は書記英語で出され、ろう者、聴者の区別はありません。

　新しい試験形式に移行中のため、以前の試験を受験した人たち向けにブリッジテスト（別名ギャップテスト）が用意されています。つまり、新旧の試験の橋渡しです。このブリッジテストに合格してから実技試験を受けられます。

　新体制でのろう通訳試験、聴者の手話通訳試験の流れは図1の通りで

す。これから初めて受験する人たちは、この流れで合格すればろう者は
CDI、つまり有資格ろう通訳者として RID より認定を受けます。また
聴者の場合、認定手話通訳者（NIC、National Interpreter Certification）
として RID より認定を受けます。

受験条件

　CASLI 一般知識試験（聴者も受験する）または有資格ろう通訳者を目
指す CDI 知識試験の受験条件は以下の通りです。（下線は筆者）

1）18 歳以上であること。
2）RID による認定資格を持っていないこと。
3）志願者の正式な氏名、E メールアドレス、RID 会員番号に有効な
　　RID アカウントを有すること。この会員番号は CASLI 試験のア
　　カウントと正確に一致していなければならない。
4）補聴器装用なしで両耳のうち聴力のいい方の耳が聴力損失度 60
　　デシベル以上であることを示すオージオグラムを CASLI に提出
　　すること。このオージオグラムは最近のものでなくても構わな
　　いが、志願者の氏名、聴力検査を行ったオージオロジストの氏
　　名が掲載されてあり、聴力検査の結果を示す文書であること。
5）試験前に受験登録料を支払い済みであること。
6）知識試験を再受験のときは、ろう通訳の知識試験の 6 ヶ月後ま
　　たは一般知識試験の 3 ヶ月後でなければならない。

　ろう通訳のための CASLI 一般実技試験の受験条件は以下の通りです。
（下線は筆者）

1）知識試験受験に必要な条件を全て満たしていること。

第 3 章　ろう通訳者の資格化について　111

2) CDI 知識試験または CASLI 一般知識試験に合格していること。

3) 前の受験時から 5 年以内であること。

4) RID 認定に必要な学士号（学部卒）またはそれ相当のものを有していること[1]。

5) 受験申し込み時点で受験登録料を支払い済みであること。

6) CASLI 一般実技試験再受験のときは、同試験受験の 6 ヶ月後でなければならない。

認定のための条件

有資格ろう通訳者に認定されるためには、以下の通りでなければなりません。

1) CDI 知識試験または CASLI 一般知識試験いずれかに合格していること。

2) 志願者がすでに CDI 知識試験を受験し合格している場合は、CDI ブリッジ試験（ギャップ試験）にも合格していること。

3) ろう通訳を目指す CASLI 一般実技試験に合格していること。

司法分野でのろう通訳の場合

「司法通訳とろう通訳者」（第 1 章 4 節）でも述べましたが、ろう者が司法通訳を行う場合は、有資格または資格のないろう通訳者であるだけでなく、CLIP-R という RID が認めた資格が必要です。認定条件は以下の通りです。

1) RSC（リバース通訳者）[2]または CDI のどちらかの資格を有していること

2) RID が定める教育歴を有していること（大学卒業レベルにあること）

3) 二人の RID 認定 ASL 通訳者の推薦状があること。少なくとも一つは

SC:L（RID が認定する司法分野専門の ASL 通訳者）の推薦状でなければなりません。もう一つは、CDI など RID の認定する通訳者の推薦状であることが必要です。

4) 少なくとも 150 時間のトレーニングや指導を受けていなければなりません。もし 150 時間の司法通訳トレーニングやワークショップを受けられなかった場合は、少なくとも 120 時間の司法通訳者によるトレーニングと 30 時間以上司法現場で SC:L や CLIP-R から指導を受ける必要があります。その証明として、RID の教育センター、あるいは司法トレーニング、ワークショップの修了証が必要です。この修了証は日にち、場所、トレーニング期間、などが明記されていなければなりません。

　司法ろう通訳者という専門分野の認定試験がないとはいえ、アメリカは司法に関わる問題が多く法廷でのろう通訳の必要性が高いため、以上のような手順を経て法廷での通訳の認定、CLIP-R という資格を得るようになっています。

B. 試験の内容について

　手話通訳試験は、①通訳の基本的知識、②倫理、文化的対応についての知識、③実技、の 3 種類があり、CDI 志願者にも同じ知識やスキルが求められています。

　これらの試験は、次の力を評価することが目的です。

1) いかなる場面においてもそこで出てくる語彙や内容を起点言語から目標言語[3] に変えて依頼者に理解できるように正確に伝えられるか

2) 現場で関係者たちの文化の違いを伝え、通訳内容全体について通訳者が責任を負う

3) 専門分野での通訳において、専門用語や知識を要する通訳が自分にで

きるか判断する

4) ASL と英語力が十分にあり、逐次または同時通訳といったその場に適した方法で、2言語間のコミュニケーションを正確に円滑に進められる

5) コミュニケーションに支障をきたすようなミスもなく、視覚的合図[4]や各言語のニュアンスを難なく理解し通訳できる

6) 指導者不在でも通訳をやり遂げられる

7) 専門職行動規範に従って単独またはチームの他のメンバーと共に状況に合った行動ができる

8) ASL やその他の手話から盲ろう者のための触手話などの手段に至るまで、2言語のメッセージを正確に伝える

9) 異なる文化を比較、判断し、その文化に合ったコミュニケーションに対応する

10) ASL、英語に精通し、あらゆる分野のコミュニケーションにおいて必要な言語を決定する

11) （CDI 志願者対象）単独もしくはろう者、聴者のいるチームにおいて、あらゆる場面で出てくる語彙や内容を通訳する。しかし、専門知識を要する場合はそれを通訳する力があるか自分を見極める

一般知識試験（ろう者・聴者共通）

　2020 年末から 2021 年初めより、パソコン使用で 120 問の選択肢問題と 8 件のケーススタディからなる問題に回答する形式になっています。これはろう者も聴者も受験できます。受験者は決められた会場に行き、指示された通りに受験します。

①通訳の基本についての問題

　書記英語で 60 問が画面に表示され、書記英語で正解を回答します。さらに別の 60 問は ASL で表示され、ASL で回答します。受験者は両方の

言語で問題を理解できることが望ましく、どちらかの言語を選択することはできません。この問題の内容はろう通訳者、聴者の通訳者の区別なく作成されたものです。これらの問題は、通訳者としていかに効果的に通訳するかについて受験者の知識を問うものです。問題の内容は、1) 通訳手配の時点、2) 通訳前、3) 通訳中、4) 通訳後、と4つに分かれています。

　この試験終了後もう一つの試験が始まるまで30分休憩時間が与えられます。

②倫理的意思決定と文化的対応に関するケーススタディ
　通訳シナリオとして8件のケースがASLで語られるのを受験者はビデオで見せられます。これは、通訳中に倫理的または文化的なジレンマに陥ったとき、受験者ならどのような選択をするかを見るものです。受験者は、選択問題に回答し、次のステップに進みます。選択肢から選んだ答えに沿ったシナリオのビデオを見ます。それぞれのシナリオに応じた複数の選択肢があり、どれを選ぶかによって次の問題が違うわけです。そのため、一度回答したら後戻りや訂正はできない仕組みになっています。これらのケーススタディは、ASL／英語通訳者のフレームワークにおいて、受験者の倫理的決定の能力と異文化への理解力を問うものです。
　シナリオは、1) 異文化コミュニケーションの知識、2) 文化、組織的抑圧の認識、文化への対応力、があるかどうかを見るために作られています。
　選択問題は、1) 利害対立の発生についての知識、2) さまざまな場面における力関係についての認識、3) 倫理規範についての知識、与えられた状況での倫理規範の適用、を評価するものです。つまり、受験者は、以下の力が試されます。

　　・その場面において自分の通訳スキルにふさわしいか

・利害対立がないことを確認できるか

・通訳時に依頼者の文化的対応力を見ることができるか

・現場にいるろう者や聴者のスキル、ニーズ、要望を知ることができるか

・守秘を保持できるか

・専門職行動規範に基づき依頼者と一線を画すことができるか

実技試験（ろう者対象）

建設的な応答を求める試験、つまり、字幕や画面を見て受験者が何を生み出すかを見る試験です。受験者が与えられたシナリオを見て通訳するもので、ASL から別の手話か英語へ、またはその逆に、と逐次あるいは同時通訳をします。このシナリオは一般的なろうコミュニティを基本にしたもので、それぞれ 3 分から 15 分以内です。

受験者はビデオを見て通訳し、それを対面で数人の聴者、ろう者の面接官が審査します。

この実技試験は以下のように受験者のスキルや力を評価します。

1) ASL と英語を使って逐次、同時、サイトトランスレーション[5]、またはそれらを組み合わせて内容をそのまま起点言語から目標言語に変換する

2) 統語論形式に適用する（時系列、空間活用、時制表現、代名詞化、ロールシフト、回答範囲を狭めた質問形式への変更、レジスター[6] の調整）

3) ミスがあっても目立たず修正し、いろいろなレジスターに合わせて流暢に通訳する

4) 依頼者に合わせて（性別、文化、学歴等）通訳方法（レジスター、ジャンル、手話の種類）を決める

5) あらゆる方法でメッセージの正確性を見る

6) 視覚情報をしっかり掴み、正確性を確認し、視覚的描写も含め無駄なく、文脈上の情報を提供する

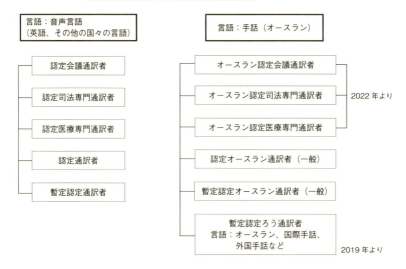

図2　認定通訳の種類

　以上、アメリカの有資格ろう通訳者を目指す試験について述べてきましたが、非常に細かいところまで評価基準を決めているのが特徴です。
　そして、知識試験についてはろう、聴者の区別がなく、評価基準も同等です。

(2) オーストラリアの例

　「世界のろう通訳とろう通訳者」（第1章3節）でも述べましたが、オーストラリアの場合ろう通訳者の認定はNAATI（全豪通訳翻訳協会）から受けることになっています。聴者の通訳も含め、通訳の種類は以下のように細かく分かれています。中でも、認定会議通訳者は国際会議等で同時通訳をするなどかなりの通訳能力が必要です。ろう通訳者はその定義や意義が認識されてようやく暫定認定ろう通訳者（CPDI, Certified

Provisional Deaf Interpreter) として、2019年にNAATI通訳制度に加えられました。オースラン通訳者についても、認定と暫定認定のみでしたが、2022年に専門分野に特化した認定オースラン専門通訳者（会議、司法、医療）に分けられました。

　オーストラリアでは手話はオースランが標準手話とされていますが、NCSLへの通訳も重要視されているようです。このNCSL (Non-Conventional Sign Language) は、オースランや外国手話以外の、"通常の手話でない手話"です。さまざまな言語を持つ人たちで構成されているオーストラリアでは、この話者は多いと推測されます。そのため、通訳試験でもNCSLへの通訳力が試されます。

　まず、認定ろう通訳者には、前述のように、以前からろう通訳者として経験を重ねてきた、実績のある現役の公認ろう通訳者（RPDI）と、NAATI試験を受けて認定された暫定認定ろう通訳者（CPDI）の二種類があります。この二つの通訳者は、どちらも以下の評価を示すことが必須です。

　　①公式の通訳トレーニング（NAATI推奨のクラスやコース）の修了
　　②倫理能力
　　③異文化への理解力
　　④オースランの力

　①のトレーニングは、職業訓練センター、大学、専門学校などでNAATI公認のクラスで受講することで修了証が授与されます。ろう通訳の場合は、RMIT（ロイヤルメルボルン工科）大学にある通訳コースでも単位取得ができるようです。

　RPDIは①のトレーニングを終了すれば、4つの条件を満たしたとみなされ、合わせて自分の実績も示し、それが受け入れられればNAATI

118

から認定を受けます。ただし、人によっては、暫定認定ろう通訳者
（CPDI）志願者が受ける NAATI の倫理試験、異文化理解の試験を受
験する必要がある場合もあります。

暫定認定ろう通訳者（CPDI）

1) まず条件を満たす

CPDI 志願者は、先に述べた①から④までの 4 つの条件をまず満たさ
なければなりません。

しかし、②倫理能力、③異文化への理解力については、①の公認通訳
トレーニングを修了、あるいは地元のろう団体で通訳トレーニングを受
けたという証明があれば、②と③の試験を受ける必要はありません。

NAATI が②と③について試験を受ける必要があると判断した場合は、
それらの試験はオンラインで行われます。ビデオを通してオースランで
問題が出され、受験者は書記英語またはオースランのどちらかを選択す
ることができます。②、③の試験は次の通りです。

② 倫理能力を見る試験

この試験の目的は、

　・通訳の際に必要な倫理能力があるか
　・倫理的に行動できる力について評価できるか
　・資格を与えるのに相応しいか

以上の 3 つを見極めることです。この試験は、

　・倫理綱領（ASLIA - オーストラリア手話通訳協会 - の倫理綱領と専門職
　　行動規範のガイドライン）について知識があるか

・さまざまな通訳現場において倫理上のジレンマをどう解決するか
・自分の置かれた状況に、綱領に基づいて信念や行動を適用する力
　があるか

以上の３つを評価します。また、この試験の構成は以下の通りです。

・問題Ａ　知識を問う問題３つに簡潔に回答する
・問題Ｂ　３つのシナリオについて簡潔に回答する

所要時間は１時間半です。

③異文化への理解力を見る試験
この試験の目的は、

・翻訳や通訳する際に必要な、異文化に対する理解力があるか
・与えられた情報や目標言語を文化的に特定し関連づける力を評価
　できるか
・資格を与えるのに相応しいか

以上の３つを見極めることです。この試験は、

・オーストラリアやろうコミュニティ内の社会的、政治的、文化的
　な機関について知識があるか
・通訳現場において、文化的かつ社会言語的に情報を特定できるか
・翻訳または通訳するにあたってコミュニケーションが複雑である
　と見られる異文化的な問題に対応できるか

以上の３つを評価します。　また、この試験の構成は以下の通りです。

・問題Ａ　知識を問う問題３つに簡潔に回答する

・問題Ｂ　３つのシナリオについて簡潔に回答する

所要時間は１時間半です。

次に、④の言語力、つまりオースランの力です。以下の条件を満たしていれば、オースランの力があるとみなされます。

・主要言語がオースラン、またはオースランと英語である初等、中

　等教育を修了

・主要言語がオースランと英語である中等教育および高等教育を修了

以上を証明するものとして就学年が記されているものを提示しなければなりません（例：2013-2017）。

また別に、ＮＡＡＴＩは、地元のろうコミュニティのメンバーでありオースランに長けているというろう団体（以下に列記）の文書を、オースランの力を証明するものとみなすということも考えています。

ろう団体名（カッコ内は地域名）

・デフ・コネクト（ニューサウスウェールズ、クイーンズランド、サウ

　スオーストラリア）

・エクスプレシオン・オーストラリア（ビクトリア、タスマニア）

・アクセス・プラス・ＷＡ・デフ（ウェスタンオーストラリア）

2）認定試験（実技）

次に、実技試験です。これに合格すればＣＰＤＩに認定されます。これ

は３つの種類があり全てをこなさなければなりません。

(1) 二人の対面での会話を同時または逐次通訳する：２題
(2) サイトトランスレーション１題（書記英語からNCSLへ）：内容は1) の２題目の対話の内容に関連したもの
(3) サイトトランスレーション１題（書記英語からオースランへ）

(1) の２題ともそれぞれ対話はロールプレイでその場で行われます。内容は異なります。役者は二人で、一人は英語を話し、もう一人はNCSL使用者で、（聴者の）オースラン／英語通訳者が付き添っています。受験者はNCSL使用者とオースラン／英語通訳者の間に立ってオースランに逐次または同時に通訳します。それぞれの対話は15分ほどで終わり、内容も異なります。

(2) の書記英語からNCSLへのサイトトランスレーションの課題は、(1) の２題目の対話の内容に関連したものです。書記英語からオースランへのサイトトランスレーションは、内容は別のものとなります。

サイトトランスレーションのテスト問題は、例えば書記英語からオースランの場合は次のようなものです（NAATIのCertified Provisional Deaf Interpreter TestのSight Translation : Written English/Auslanの例を参考にしました）。

まず、通訳内容の要旨が書かれた紙が配布されます。

要旨：姉のいるイギリスに行きたいと思っているが、コロナ蔓延のため現在の旅行制限について情報がない。イギリスに行けるのか心配である。オーストラリア内政局のウェブサイトから印刷した情報を地元のろう団体に持っていき翻訳してもらい、外国に行くための情報を得たい。オースランの力はあるが、英語はあまりできない。

次に、以下の紙の内容を読み、合図があると翻訳を始めます。

サイトトランスレーションテスト：印刷したプリントに書いてある内容をオースランに翻訳する

コロナ禍の海外旅行について

　オーストラリアは、国内の人々の健康を守るために厳しく旅行制限をしている。

　オーストラリア発着の飛行機の便数はあまりなく旅行は勧められない。

　オーストラリアに入国する者は全員、入国時にホテルなど決められた場所に 14 日間強制的に隔離される。

　隔離の際の費用は自己負担となる。

　コロナの状況により、国内においても規制があり、海外からの訪問者はできるだけ早く帰国すること。

　外国から帰国した者は別の州に行く時、隔離後に、渡航規制適用除外措置を申請する必要がある。

　以上、オーストラリアのろう通訳者認定のための試験について紹介してきました。

　聴者の手話通訳者同様に、アメリカでも、オーストラリアでも、倫理綱領、専門職行動規範が重視されています。また、手話と書記言語、その他コミュニケーションの知識がかなり求められています。

■注
1　2021 年 5 月以降学歴として BA 保持、つまり大学学部卒であることが必須となりました。
2　RSC（リバース通訳者）：第 1 章 3（2）アメリカのろう通訳について（p.43-44）参照。

第 3 章　ろう通訳者の資格化について　　123

3 　起点言語から目標言語：英語から ASL へ通訳するのであれば、英語が起点言語であり、ASL が目標言語である。

4 　視覚的合図：ろう者のコミュニケーションには手話だけでなく相手に伝えやすくするために見える合図、例えば目や口などの動き、肩の動きなどがあり、ろう者とのコミュニケーションに慣れていないと見逃しやすい。

5 　サイトトランスレーション：テキストトランスレーションともいう。ここでは書記英語から手話への翻訳を指す。例えば文書に書かれた英語の文章を読み、その意味を正確に ASL に翻訳する。

6 　レジスター：ASL は立場によって表現が変化する。通訳現場では次の4種類のレジスターがある。1.フローズンまたは固定（宣誓、"忠誠の誓い"など）2.フォーマルまたは公式（講演会、レクチャーなど）3.相談・協議（カウンセリング、病院など）4.インフォーマルまたはカジュアル

■参考文献・サイト

（1）アメリカの例

Center for the Assessment of Sign Language Interpretation, https://www.casli.org

CASLI Exam Transition FAQS, NMCDHH (New Mexico Commission for Deaf & Hard of Hearing), www.cdhh.nm.gov

（2）オーストラリアの例

National Accreditation Authority for Translators and Interpreters Ltd, https://www.naati.com.au

オースラン通訳者協会　ASLIA, https://aslia.com.au

■協力者

Vance Deatherage （日本 ASL 協会講師、CDI)

2 日本における課題

木村晴美

(1) 手話通訳者は耳の聞こえる人限定

1970（昭和45）年まで、日本には手話通訳に関する制度・事業があり
ませんでした。もちろん、必要に迫られて手話と日本語を仲介する人は
いました。それは、日本語がわかるろう者であったり、ろう者の家族で
あったり、ろう学校の教師だったりしました。1963（昭和38）年京都に
誕生した手話学習会みみずくに代表されるような手話サークルが各地に
増えることで、手話を学習する聴者が増えました。その人たちは手話が
上達すると手話通訳をするようになりました。公的なまたは専門的な手
話通訳教育の体制はまだ整っていませんでしたが、手話サークルを母体
とする通訳者集団による、自主的な事例検討や事例研究を行いつつ、日
本の手話通訳論がまとめられていったのではないかと思います。一方で、
日本のろう史でよく取り上げられるように、全日本ろうあ連盟は1950
（昭和25）年から、公的な手話通訳制度の確立を求め続けてきました。
そこでいう制度とは、公的な「養成」「認定」「設置・派遣」の三本柱と
言われていました。

これらの要求運動と、手話学習者や手話通訳をする人たちの状況を受
けて、いよいよ1970（昭和45）年から制度の一つ目「養成」として手話
奉仕員養成事業が始まったわけです。当時、手話サークルが手話を集団
で学習する場となっていたため、日本の手話教育は教育機関ではなく市
民活動の一環としてスタートしたのではないでしょうか。そのため、ま
ず手話を学び、手話が上達したら手話通訳をするという構図ができてい
ったように思います。ここで、語学学習と通訳教育を区別していれば、
現在の手話通訳業界の状況は違ったものになったかもしれません。いず
れにしても、日本では、手話指導や通訳指導の専門家不在のまま養成事

第3章　ろう通訳者の資格化について　125

業が始まりました。

　早くから教育機関（コミュニティ・カレッジや大学）で手話通訳教育を開始した欧米では、しっかり研究されたカリキュラムに基づいて、専門的な通訳養成が行われています。手話に限らず、多言語との接触が多く、通訳職が確立している社会ならではといえるかもしれません。その一方で、学生たちはデフ・コミュニティに接触する機会が少ないという問題を抱えています。そのため、大学周辺のデフ・コミュニティに積極的に関わることが推奨されたり、2年次から3年次に進級する際に1年間のデフ・コミュニティにおける実習期間を組み入れるなど、カリキュラムが検討されています。日本では、地域のろう者との交流をとおして、手話を学び、ろう文化に触れることが基本であると考えられています。その反面、「通訳」の専門性については、通訳活動開始以降に各自の自己研鑽や現任研修などに委ねられているように思います。現在は、手話奉仕員養成講座（手話を学ぶ）や手話通訳者養成講座（手話通訳を学ぶ）は、社会福祉法人全国手話研修センターを中心に考えられたカリキュラムに基づいて、研修を受講した講師による指導が行われるようになりました。また、民間でも手話講習会を開講する企業や個人が増えました。その結果、ろう者と接触するのは講習会会場だけという手話学習者も増えていて、マイナスの欧米化とも言えるでしょうか。

　このような、手話指導および手話通訳養成の変遷をみても、日本の手話通訳は、音声が聞こえないろう者のために、音声を聞くことができる聴者が行うものと考えられてきたことがわかります。本来、通訳とは異なる二つの言語間で行われるものなのですが、日本の手話通訳は、言語ではなく聴力の違いを埋めることが目標になってしまったということです。「通訳」という作業を本来の意味である異なる言語間で行われるものと捉えれば、日本語と手話という二つの言語を持っていれば聴者でもろう者でも通訳者になれるはずです。

(2) ろう者は受講できない

専門的な技術と知識を有する手話通訳者に手話通訳をしてほしいという願いは、通訳利用者に共通の願いです。そのためには、充実した「養成」と適切な「認定」が必要です。

現在、手話通訳者として手話通訳ができるようになるための学習方法は、意思疎通支援事業における手話奉仕員養成講座で手話を学び、その後、手話通訳者養成講座で通訳の勉強をする方法がほとんどです。ほかに、国立障害者リハビリテーションセンター学院・手話通訳学科で2年間学ぶ方法もありますが、教育機関で手話や手話通訳の養成を受ける人は少数です。

手話奉仕員養成講座は70時間、手話通訳者養成講座は113時間と、共通のカリキュラムで指導されていますが、事業開始当初は、時間数やカリキュラムは開催自治体の裁量に委ねられており共通ではありませんでした。学習時間が異なれば、習得できる知識や技術に差が生じるのは当然です。そこで更なる養成の充実が求められ、1998（平成10）年、手話奉仕員及び手話通訳者養成カリキュラムが定められました。これにより、手話奉仕員養成講座受講者が手話通訳者養成講座を受講するという流れが強まりました。このカリキュラムは2023（令和5）年にさらに改訂され、新カリキュラムの手話奉仕員養成講座は、「日本語で日常会話ができ、手話の学習経験がない者等」を対象としています。つまり、手話を母語・第一言語とするろう者は受講対象になりません。もちろん、すでに手話を獲得しているろう者が改めて日常会話レベルの手話を学習する必要はないのですが、通訳について学ぶ手話通訳者養成講座でもろう者が受講対象になるとは考えられていません。手話通訳者養成講座の対象者は、「手話通訳者を目指し、次の条件を満たす者　①日本語を理解し、使用することができる。②聴覚障害者と手話で日常会話ができる。」です。ここには聴力に関する記載はありませんが、それでも、聴

覚障害者が講師になることはあっても、受講者になるとは考えないでしょう。聴覚障害者を受講者として受け入れる場合、講座中の使用言語をどうするかという問題が発生します。手話通訳者養成講座は、ろうの講師と聴者の講師がペアで指導することが前提となっています。ろう講師がいるのでろう受講者がいてもかまわないように思いますが、「手話通訳は耳の聞こえる人がするもの」という固定観念がありますので、ろう者を受講者として受け入れようと思う主催者はほとんどいないでしょう。本来、通訳は発話者の言語や文化を理解して行われるものなので、受講をとおして手話話者と日本語話者の交流の機会を確保できるのは、お互いの言語や文化を理解するにはとてもよい環境となるのですが、実現しないのはとても残念です。

(3) ろう者は受験できない

「養成」された人は、次に認定試験を受験し、試験に合格すると「手話通訳者」または「手話通訳士」という資格を得て手話通訳活動を始めることになります。かつて、手話奉仕員養成事業が始まったころは、手話通訳の資格試験を実施する自治体はほとんどありませんでした。その後、手話通訳をする人は一定の手話通訳技術を有するべきという要求が高まり、資格試験が導入されました。現在、手話通訳に関する資格試験は二つあります。

一つは、2007（平成 19）年に始まった、社会福祉法人全国手話研修センターが実施する「手話通訳者全国統一試験」です。この試験に合格し、各自治体等に登録した人は「手話通訳者」という資格を得ることになります。この試験は、意思疎通支援事業として実施されている手話通訳者養成講座の修了試験という位置づけになっていますが、登録試験として扱う自治体も少なくありません。受験資格は、先述の手話通訳者養成講座を修了した者（または修了者と同等の知識及び技術を有する者）となっ

ています。現在、ろう者で手話通訳者養成講座を修了した人はいません
ので、「同等の知識及び技術を有する者」の枠で受験することは可能か
もしれません。しかし、試験では音声が使われていますので、ろう者は
対応できません。手話通訳者全国統一試験は、筆記試験と実技試験があ
り、全国一斉に同日同時刻に行われます。筆記試験は「手話通訳者に必
要な基礎知識」と「国語」の２科目で、厚生労働省手話奉仕員及び手話
通訳者養成カリキュラムの範囲から出題されます。実技試験は、場面に
おける聞き取り及び読み取り通訳で、手話話者と日本語話者が登場する
４分間の会話場面の映像を見ながら、それぞれの発言を通訳します。こ
こで日本語話者は音声で話しますので、その音声を聞き取ることができ
なければ通訳することはできません。また、手話の発言を音声日本語に
通訳しなければなりませんが、ろう者に音声による訳出を強要するのは
違和感があります。やはり現行の試験方法ではろう者が解答することは
不可能です。

　手話通訳者全国統一試験に先駆けて、日本で初めて全国共通の資格試
験となったのは、「手話通訳技能認定試験（手話通訳士試験）」です。繰
り返しになりますが、手話奉仕員養成事業が始まったころは、講座の時
間数もカリキュラムも開催する自治体の裁量に委ねられていましたの
で、開催地によって手話通訳の習得度にはぱらつきがありました。そこ
で、手話通訳制度調査検討委員会が組織され、聴覚障害者の社会参加上
のコミュニケーションの問題や、手話通訳に関する現行制度の問題点及
び今後の課題などが話し合われました。そして、「手話通訳士（仮称）
制度の在り方について」の提言となったのです。国は、この提言を受け
て、「手話通訳を行う者の知識及び技能の審査・証明事業の認定に関す
る省令」により認定された社会福祉法人聴力障害者情報文化センターが
実施する「手話通訳技能認試験」を導入しました。第１回試験は 1998
（平成元）年に行われました。この試験に合格し、聴力障害者情報文化

センターに登録した人は、厚生労働大臣認定の「手話通訳士」という有資格者となります。

　手話通訳技能認定試験の受験資格は20歳以上（受験日の属する年度末までに20歳に達する者を含む）であることです。手話通訳者全国統一試験とは異なり、教育歴や受講歴は条件に入っていません。もちろん聴力を問われることもありません。そもそも、手話通訳は聞こえる人が行うものという概念に従って運営されている試験ですから、ろう者が受験するとは考えられていません。そのため、受験者はすべて耳の聞こえる人を想定しています。

　試験は、学科試験と実技試験があります。これまで試験方法にはいくつかの変遷がありましたが、最近は学科試験と実技試験はそれぞれ別の日に実施されます。まず、学科試験があり、それに合格した人のみが実技試験を受験できます。学科試験は、「障害者福祉の基礎知識」「聴覚障害者に関する基礎知識」「手話通訳のあり方」「国語」の4科目各20題です。実技試験は、聞き取り通訳試験（音声日本語→手話）2問と読み取り通訳試験（手話→音声日本語）2問です。聞き取り通訳試験は、音声日本語で話された試験問題を聞き手話に同時通訳します。聞き取り試験2問を終えると、引き続き読み取り試験を行います。読み取り通訳試験では、手話の映像を見ながら音声日本語で通訳します。音声を聞き、音声で訳出しなければならないという聴者仕様になっているため、ろう者は受験することができません。

　これまで、ろう者が手話通訳技能認定試験を受験したことがあります。学科試験では、ろう者のみ1室に集められ、試験会場における説明等には合理的配慮として手話通訳がつきました。学科試験においては、障害者の採用試験等に見られるような特別な配慮は一切なく、他の耳の聞こえる受験者とまったく同じ条件で試験を受けました。学科試験に合格すれば、次の実技試験を受験することができるわけですが、先述のとおり

現行の試験方法のままでは、ろう者は試験を受けることができません。音声による出題方法を視覚化したり、音声による訳出を別の手段に変更するなどの措置がなかったため、ろう受験者は実技試験を受けることができませんでした。試験方法をろう者仕様に変更すれば、受験することが可能になるはずですが、音声を通訳する・音声で通訳するという通訳方法に固執している間は、ろう者が受験することはできないでしょう。

国は、1999（平成11）年から欠格条項の見直しを始め、2018（平成30）年には欠格条項を一括して削除しました。2006（平成18）年に国連で採択された障害者権利条約も、2013（平成25）年に日本で制定された障害者差別解消法も、障害を理由として差別することを禁止しています。たしかに受験資格に聴力の条件は書かれていません。それでもやり方がろう者を排除する方法のままであるのは、障害を理由とした機会の剥奪にならないのでしょうか。

手話通訳は日本手話ともう一つの異なる言語を通訳するものであって、音声を通訳すること・音声で通訳することに限定されるものではありません。外国の手話と日本手話を通訳したり、国際手話と日本手話の通訳なども手話通訳です。また、最近は文字を見ながら手話通訳する方法も増えています。音声という固定観念を外せば、ろう者が手話通訳のトレーニングを受け、手話通訳の資格試験を受験することが可能になります。さらに、ろう者と聴者がタッグを組んで通訳することが、通訳利用者に多大な効果をもたらすことは間違いありません。

近年、テレビ放送や動画配信サービスなどで、ろう者による通訳や手話による発信を目にする機会が増えました。ろう者が通訳を担う機会が増加したことは喜ばしいことですし、画面のろう通訳者にあこがれて通訳を目指す人も増えるかもしれません。しかし、一方で、通訳の訓練を受けていないろう者が自己流で翻訳通訳もどきの行為をすることはトラブルを発生しかねません。手話で話せることと手話通訳ができることは

違うのです。音声言語の通訳業界でも、語学ができることと通訳ができることは違う、通訳には専門の教育と訓練が不可欠であると述べています。聞こえる手話通訳者たちも、まず第二言語として手話を学び、手話が上達してから通訳の訓練を受けて、資格試験に合格したのち、手話通訳活動を始めています。ろう者が手話通訳をする場合も、訓練と資格試験は不可欠です。

（4）ろう者が手話通訳者として活躍するための制度づくり

　日本でも昔は、手話通訳養成や資格試験の制度はありませんでした。手話通訳の必要が発生したときは、手話がわかる人がそのとき限定で手話通訳をしていました。そのようなアドホック通訳頼みの状況を改善するために、養成事業が始まり、資格試験が導入されました。そして、現在は意思疎通支援事業として、公的に通訳を派遣するシステムが整っています。一応、手話通訳制度の三本柱「養成」「認定」「設置・派遣」は整いました。さらに、近年は公的派遣だけでなく、民間事業者による手話通訳が提供されるようになっています。このシステムにろう者が加わるためには何が必要でしょうか。

　まず、手話通訳をする人には、聴者とろう者が存在することの受容と承認が必要です。これまでも、聴通訳者だけでは通訳がスムーズに進まない場合、ろうあ者相談員やろうの社会福祉士などが通訳支援をすることがありました。ろう者が手話通訳に加わる需要と効果があったことの証明であるともいえます。しかし、ろうあ者相談員やろうの社会福祉士は手話通訳者ではありません。耳の聞こえる手話通訳者たちに、養成と資格を求めるならば、手話通訳をするろう者にも同等の養成と資格試験があるべきです。意思疎通支援事業のひとつとして、盲ろう者向け通訳介助員の養成事業と派遣事業があります。こちらの事業では、すでにたくさんのろう通訳者が活躍しています。また、欧米やアジアの一部の国

では、ろう者を対象とした通訳養成コースがあり、資格試験が実施されています。日本でもすでに、盲ろう者向け通訳介助員養成講座はろう者も受講しているので、手話通訳者養成講座もろう者が受講することは不可能なことではないはずです。または、諸外国の実例を参考に新たなコースを検討するのもよいかと思います。

通訳養成については、特定非営利活動法人手話教師センターが2015年度から「ろう通訳者・フィーダー養成講座」を開講してきました。現在までにろう者51人、聴者37人が修了しています。

講座の内容は、通訳理論講座と実技講座で構成されています。ろう者は家庭内や学校などで通訳のような情報支援をし合う経験をしていますが、通訳や翻訳についてきちんと学ぶ機会はありません。通訳を利用することはあっても、通訳者がどのような技術と知識、倫理観をもって通訳にあたっているのか、この講座で初めて知る受講者がほとんどです。また、聴通訳者のほうも、自分自身が手話通訳をすることには慣れていても、ろう者と協働で通訳を行う経験はありませんし、その方法を学ぶ場もありません。また、事例検討などをとおして、ろう者の考えや聴者の考えを交換することで、たくさんの学びを得られます。

次に、資格試験の方法についてです。現在の資格試験は「音声を聞いて通訳する」「音声で通訳する」方法に限定されているため、ろう者が受験することはできません。音声ではない方法で試験することはできないでしょうか。たとえば、音声で提示される試験問題を文字（字幕）にする方法が考えられます。近年は、音声認識ソフトの精度が向上し、かなり正確な文字化ができるようになっています。現に、諸外国のテレビ放送や会見等における通訳場面では、ろう通訳者が聴通訳者のフィードではなく音声認識ソフトによる文字（または文字通訳者によるスクリプト）を見て通訳するケースが増えています。それを考えれば、試験問題を文字で提示する方法が考えられます。

また、ろう通訳の技術を問うのであれば、その活動場面を想定した試験問題も設定できそうです。たとえば、高齢者や子どもの手話を聴通訳者が受容しやすい手話に翻訳するとか、国際手話と日本手話の通訳なども考えられます。これまで、すべて耳の聞こえる人向けに考えられてきた試験方法を、ろう通訳が活動する場面やニーズを想定した試験方法にすることで、有資格のろう通訳者が誕生することと思います。

資料：特定非営利活動法人手話教師センター「ろう通訳者・フィーダー養成講座」
　　　カリキュラム

■通訳理論講座

回数	内容	時間
1	通訳論	1.5 時間
2	通訳倫理規定の内容と基本的理念	1.5 時間
3	聴覚障害者のニーズと手話通訳者の役割	1.5 時間
4	コミュニケーション論	1.5 時間
5	手話通訳のあり方（1）	1.5 時間
6	手話通訳のあり方（2）	1.5 時間
7	社会言語学視点の手話通訳	1.5 時間
8	通訳場面における場の調整力（1）	1.5 時間
9	通訳場面における場の調整力（2）	1.5 時間
10	ろう通訳者の役割	1.5 時間
11	聴通訳とろう通訳の協働することの意義	1.5 時間
12	事例検討（1）	1.5 時間
13	事例検討（2）	1.5 時間
14	事例検討（3）	1.5 時間
15	事例検討（4）	1.5 時間
合計		22.5 時間

■通訳実技講座

回数	内容	時間
1	講義「翻訳とは何か」	1.5 時間
2	通訳基礎トレーニング（1）	1.5 時間
3	通訳基礎トレーニング（2）	1.5 時間
4	講義「コミュニティ通訳」	1.5 時間
5	講義「ろう通訳・フィーダーを経験して」	1.5 時間
6	ディスカッション「CO 通訳を考える」	1.5 時間
7	翻訳通訳理論	1.5 時間
8	CO 通訳トレーニング（1）（2）	3.0 時間
9	通訳演習（1）（2）（3）	4.5 時間
10	通訳演習（4）（5）（6）	4.5 時間
11	通訳実習（1）（2）（3）	4.5 時間
12	通訳演習（4）（5）（6）	4.5 時間
合計		31.5 時間

コラム❸

デタラメな通訳者と誤解された通訳者の正体
（米国の大雪緊急会見）

蓮池通子

　2023 年 7 月、南アフリカ共和国は、世界で 41 番目、アフリカでは 4 番目に、自国内で使われている手話を国の公用語として認める国となりました（ちなみに、日本は公用語という規定そのものがありません）。

　「手話通訳」そして「南アフリカ」という単語を目にして多くの方が思い浮かべるのが 2013 年、ネルソン・マンデラ元大統領の追悼式典で起きた、「デタラメ手話通訳事件」ではないでしょうか。

　南アフリカでは当時、あの追悼式典のみならず、政治的な集会やイベントなどできちんと訓練を受けた手話通訳ではない人（まったく手話ができない人を含む）が「手話通訳」を行っていたようです。手話通訳の利用者であるろう者や難聴者たちは、あの追悼式典以前からきちんとした手話通訳を配置してほしいという抗議活動を続けていましたが、改善されずについにあのような事件として、最悪の形で世界に露呈することになりました。

　このようなことが、世界的なイベントで、しかも全世界に放送される形となってしまった原因は、ひとえに手話通訳利用者であるろう者・難聴者の意見を無視してきたことに起因します。情報を発信する側、つまりマジョリティ側の聴者が持つ、自分たちにとって重要ではない、誰も見ていないだろう、誰にもわからないから適当でよいという考えがあったであろうことは容易に想像できます。手話を使うろう者・難聴者を社会の一員と考えていない姿勢の現れであるといえます。

　その後の経過は皆さんのよく知るところではあると思いますが、全世界のろう者・難聴者から抗議をうけ、大きな事件に発展しました。そのような中、南アフリカ共和国の手話話者であるろう者・難聴者はこの事件を契機に根強く運動を続け、

冒頭に述べたのように「南アフリカ手話（SASL）が国の公用語として認められる」という成果を勝ち取るまでに至りました。

　ろう者や難聴者に対する手話通訳や情報保障の先進国であると世界から認められているアメリカでも、似たようなデタラメ手話通訳事件は起きています。にわかには信じられないかもしれませんが、それらは、先ほどのマンデラ元大統領の追悼式典の事件後に、しかも複数回起きているのです。

　一部のネットニュースなどでは話題になりましたが、2017 年に、州政府や日本で言うところの県や市町村のような行政区、警察や消防などが行う記者会見などで、この事件は実際に起こりました。事件は災害や事件に関する記者会見の放送を見ていた、ろう者・難聴者からの抗議によって発覚しました。ろう者・難聴者たちは、自身の命を守るための情報を得るためや重大事件の真相を知るために記者会見を見るはずだったのに、デタラメ手話通訳のせいで全く情報を得ることができなかったわけですから怒り心頭です。知る権利を保障するはずの手話通訳がまったく役に立たず、その権利を奪われてしまったので当然です。これらの記者会見で手話通訳を担当したデタラメ通訳者らは、後に逮捕されています。

　なぜこのようなことが起きるのだろうかと疑問に思う方もいるかもしれません。しかも、他の国よりも進んでいるはずのアメリカで、です。これも、マジョリティである聴者ばかりの州政府や警察・消防の組織の中で、よくわからないがとにかく「手話通訳」というものをつけておけば良いという、ろう者・難聴者、そして手話や手話通訳に対する無知・無理解から起こるものであると考えられます。

　南アフリカとアメリカでの事件は、当事者であり、そしてマイノリティ側であるろう者・難聴者の不在が引き起こすもので、ろう・難聴当事者である聴覚障害者への情報保障の専門家を配置することで防ぐことは可能です。さらに聴者が、ろう者や難聴者、そして手話や手話通訳についての理解を深め、正しい知識を持つことでさらに強固なチェック機能が働くことになります。デタラメ手話通訳者が逮捕されるのは当然なのですが、このデタラメ手話通訳者を配置した側にもきちんとした指導・処罰があったのかという部分も知りたいところです。

　また、アメリカではこのようなデタラメ通訳者事件が起こる一方で、注目が集まったからこそ起きたという騒動もありました。

コラム 3　　137

それは 2017 年、当時のフロリダ州知事がハリケーン・イルマの接近に伴い、住民に対して厳重な警戒を呼びかける記者会見で起きました。正式な資格試験に合格し記者会見で通訳をしていた手話通訳者に対して、必要以上の注目が集まったのです。その手話通訳者は、より「表情」がはっきりしていて、舌を出したり、口をへの字に曲げたり、手の動きも大きかったりとこれまでの手話通訳者と異なるということが視聴者にはっきりと伝わりました。それを見ていた視聴者からは、「手話通訳の言っていることはわからないが、（顔を見ていれば）言いたいことはわかる」「（動きが大きく）気が散る」「あの手話通訳者はデタラメを言っているのではないか」というような意見が当時のネットニュースに掲載されていました。

　この手話通訳者、実は通訳資格試験に合格したろう者の手話通訳者（Certified Deaf Interpreter〔CDI〕）であったことが後に判明します。ろう者自身が手話通訳を担い、緊急情報をより伝わりやすく通訳をした結果、このような「デタラメ通訳者」の疑惑をかけられてしまったのでした。

　これよりさらに前、2012 年に、ハリケーン・サンディに対する警戒を呼びかけた当時のニューヨーク市長ブルームバーグ氏の記者会見に、コーダ（CODA：聞こえない親のもとに生まれた聞こえる子ども）の手話通訳者が登場したときにも、その顔の動きや口の表現などをみた視聴者から先ほどのろう者の手話通訳者の件と同様の反応が来たというニュースが今も残っています。

　これらも、ろう者や難聴者、そして手話や手話通訳に対する理解と知識が乏しい聴者の誤解によって引き起こされた騒動と言えます。このようなデタラメ手話通訳事件や騒動をきっかけとして、手話や手話通訳、情報保障に関する正しい知識が社会に浸透し、ろう者や難聴者は決して特別な存在ではなく、同じ社会にともに暮らす一員であるという理解が広まることを期待しています。

■参考 HP

President Cyril Ramaphosa to enact Sign Language as 12th Official Language

　https://www.thepresidency.gov.za/press-statements/president-cyril-ramaphosa-enact-sign-language-12th-official-language（リンク切れ）

THE NA APPROVES SOUTH AFRICAN SIGN LANGUAGE AS THE 12TH OFFICIAL LANGUAGE

PRESS RELEASES

https://www.parliament.gov.za/press-releases/na-approves-south-african-sign-language-12th-official-language

Hurricane Irma Warning With Sign Language

https://www.youtube.com/watch?v=xtDJ6uEyvnw

Woman arrested after faking sign language to become interpreter for US police

https://telanganatoday.com/woman-arrested-after-faking-sign-language-to-become-interpreter-for-us-police

'Fake' interpreter angers deaf community

https://www.youtube.com/watch?v=thtglRn7grs

Sign language interpreter steals the show at Irma news conference

September 9, 2017 3:31pm

https://nypost.com/2017/09/09/sign-language-interpreter-steals-the-show-at-irma-news-conference/?utm_source=maropost&utm_medium=email&utm_campaign=nypevening&utm_content=20170909&mpweb=755-4467418-719338071

This sign language interpreter is on point.

Joe Szilagyi 2017/09/09

https://www.youtube.com/watch?v=4vweEu9rtdA

■参考 HP 等は 2024 年 7 月 22 日現在 1 つ以外視聴可能ですが、今後リンク切れの可能性もあります。

<table>
<tr><td>第4章</td><td>世界のろう通訳者、
ろう通訳者と協働する通訳者たち</td></tr>
</table>

1 ナイジェル・ハワード

（インタビュアー：寺澤英弥）

（1）自己紹介

　ナイジェル・ハワードです。サインネームは国際手話版と ASL（アメリカ手話）版の2つあり使い分けています。

　日本に滞在していた時は、日本手話の「ない」「（髪の）ジェル」と、だじゃれのようなサインネームを使っていました。

　私は4人きょうだいで、ろう者は私のみです。家族とは口話での会話が中心で、4歳の頃に口話教育を主軸とする聞こえの教室のようなところに通っていました。しかし、父がそこに通っていないろう児が明るくふるまう様子を目にし、一年足らずでそこを辞めることになりました。5歳から地域のいわゆる普通校に通い、難聴学級では分からなかったことを随時確認しながら授業を受けていました。

　中学生になると、教室全体を見渡せるように一番後ろの席で授業を受けていたのですが、突如そこに手話通訳者が来ることになりました。当時の私は手話通訳者というのは福祉的な支援をする人というイメージが強く、通訳利用を躊躇していました。しかし、手話通訳を利用するようになると、思いの外、勉強が捗るようになったのです。

——通訳者は誰が用意したのですか？

ろう者に関するプログラムに携わっている先生と結婚した、通訳論を学んだことがある聴者が担当してくれました。その後、大学に進学し、講義には手話通訳を付けてもらいました。しかし、卒業試験の頃に大学の財務的な理由という一方的な事情により、手話通訳がつかなくなってしまったことがありました。これに

Zoomによるナイジェル氏へのインタビュー

抗議し、法学部に通っていたろう学生と結託し、テレビや新聞などのメディアも動かし、1週間後には手話通訳が付くように改善されました。

卒業後はいくつかの仕事をしましたが、同じ大学の大学院で心理学を学びたいと考え進学しました。

大学院に手話通訳を付けたいと申し出たところ、自己負担が可能であれば手話通訳を付けることはできるとの返答でした。本来は大学院側が手話通訳を用意すべきと考え、2年間にわたる交渉を続けました。

この成果もあり、現在カナダの大学では手話通訳が付くよう環境が整備されています。また、その頃にそれまでの経験を経て、ASLと英語の言語の違いに気づき始めました。

その一つの例として、「VOMIT」を手話通訳者が指文字（VOMIT）で表出したのですが、私はよく理解できませんでした。次に表出された手話（ASLで「吐く」）でようやく理解できたのです。

つまり、英語の音を表出してもらうのではなく、手話で表出されることで理解に結びつくという実感を得たのです。

その後、「ろう者学」を学ぶことができるイギリスのパディ・ラッド先生が所属している大学に編入しました。現在は、2回の訴訟を起こし

たカナダの大学（手話科）で教鞭をとっています。

——どういった訴訟ですか？　大学側は過去にナイジェル氏が抗議した
　　ことを知っているんですか？

　知っている人は少数かもしれませんが、裁判記録を見れば分かること
ですし、ネットにも公開されているので知ることはできます。

——手話はどうやって獲得したんでしょう？　家庭では口話だったはず
　　ですよね。

　家では口話やホームサインが中心でした。かつて私はろう者というアイ
デンティティはなく、聴者を演じていたくらいです。ろう者であることを
否定的に捉えるような教育を受けていましたし、聴者にはさまざまな見方
があったので、そういった認識をせざるを得なかった背景もあります。
　実際、スポーツにはたくさんの種類があるのに、ろう者は少ない種目
しか楽しめませんでした。
　親はASLを学ばせたいと考えていたようですが、私は世間でのASL
に対する認識や、自分の考えもあり、それを拒否していました。社会に
は英語優位といった考えが根強く残り、ろう者のイベントには父親に連
れられて、気が向かないまま参加していました。
　当時、聴者のスイミングクラブに所属しており、あるろう者に声をか
けられ、デフリンピックの出場の話をされたのですが、その気は全くあ
りませんでした。デフリンピックに出場するために資金集めに苦労して
いる様子を見て、当時14歳の私はそんな苦労をしてまで出場したくな
いと思ったのです。

142

(2) デフリンピックと私

　ところが、父から全額負担してやるから行ってこいと言われ、15歳の時にドイツで開催されたデフリンピックに出場することになりました。デフリンピックの開会式に参加してみると、なんと約6,500人もの選手たちがいたのです。これまで開催されたデフリンピックの中でも参加人数が多かった時だと思います。さまざまな国のろう者がいるのを目のあたりにし、自分はカナダ人であるというアイデンティティが芽生え、それと同時にろう者としてのアイデンティティも芽生えました。この時の内面的な変化は今でも鮮明に覚えています。

　これぞデフリンピックがもつ影響力だと思いますし、そのときの経験が現在のろう者としてのアイデンティティにつながっていると思います。世界のろう者との交流を楽しみ、さまざまなことを吸収しました。

　もし、デフリンピックがなかったら今の自分は存在しなかったでしょう。今に繋がる大きな糧となりました。

　ある国のスポーツ大会で、国際手話通訳者として派遣されたときの話です。たまたま見かけた参加者の女の子に話しかけると、そっぽを向かれてしまいました。まさに昔の自分を見てるようでしたが、きっとこの大会でいろいろな刺激を受けることになるだろうと、遠目に見ていました。そのあと、彼女はロシアのろう者の水泳選手に話しかけられているではありませんか。しかし彼女は国際手話がよく理解できないようで、ロシアの水泳選手が彼女に伝わるように会話をしていました。そして、大会の閉会セレモニーで彼女は先日はひどい行動をしてしまったと私に謝ってきました。私の過去の類似した体験を話すと驚き、それ以来親交を深めた彼女は、現在、ろうコミュニティに所属し、活動を広げているようです。嬉しく思っています。

　これほどの影響をもたらすろう者スポーツの祭典としてのデフリンピックはぜひ続いてほしいと願っています。学校等できこえないことはマイ

ナスであるかのような考えを植え付けられ、アイデンティティが確立していないろう者はこの世界にたくさんいると思います。ろう者としてのアイデンティティをもつきっかけになるデフリンピックは大事です。2025年の東京デフリンピックに期待しています！

(3) どうしてろう通訳者になったのか？

——大学では心理学を学んだのにどうしてろう通訳者になったんでしょう？

　本当に紆余曲折ありました。でも幅広い学問と知識を学ぶことは有意義なことです。大学時代は心理学を学び、トロントでは広告代理店で働いていました。その会社にいたろう者から手話講師をめざす講座に誘われたのがすべての始まりです。

　会社の近くには、東ヨーロッパからのろう者の移民が多く住んでいました。そこで、手話で英語の読み書きを教える仕事を始めました。

　1年半トロントで働いた後、バンクーバーに戻り、ろう学校の寄宿舎で働き始めました。小学低学年の担当を任命され、楽しい日々を過ごしていました。しかし、ろう学校の授業は地域の学校と比べて4学年分も遅れていたのです。この問題について子どもたちの家族や学校に提起しました。

　教師が手話ができないことを理由に子どもの教育権を奪うなんてありえないと憤慨し、要望活動などを行いました。この子どもたちと卒業までの10年ほど時を共にし、彼らは大学に進学したり、一流企業に就職したり、家庭を持ったりと大きく成長しました。しっかり教育を受ければこういう環境で生きていけるのに、まっとうな教育を受けさせなかったろう学校に疑問を抱くようになりました。

　ろう児の多くは読書が苦手でしたが、私が英語を手話に訳したり、理解できなかった英語を手話で説明したり、テレビの字幕を手話に訳した

りすると、子どもたちはみるみるうちに英語を習得できるようになった
のです。この寄宿舎での経験も、ろう通訳者になるきっかけのひとつか
もしれません。

その頃、仕事以外の日に ASL を教えていたのですが、病気で急遽休
むことになった講師の代理で、大学で手話通訳者の養成講座を担当する
機会がありました。特に引き継ぎもなく、自己流でしたが、学生の評判
がよかったらしく、引き続き担当してほしいとのことで、契約期間を延
長しました。午前は手話通訳者養成の講師、午後は寄宿舎の仕事と目が
まわるような忙しさでした。寄宿舎で働き始めて最初に受け持った子ど
もが卒業したのを機に退職し、大学の教員として働くことにしました。
25 年前のことです。

さて、ろう通訳者になったきっかけについて話します。ある裁判で中
立性を担保できる手話通訳者として、ろう学校の経験がないなどを理由
に私に声がかかりました。30 年以上前の話で、当時はまだプロの手話通
訳者といえる立場にはありませんでしたが、手話通訳者養成や寄宿舎で
の業務経験から、通訳論などの基礎的な知識は持っていました。

その後、アメリカ、カナダ、ヨーロッパなどで通訳経験を重ね、ASL
だけでなく国際手話の通訳も担うようになりました。「Deaf Way II」
では ASL のみの通訳依頼でしたが、期間中に国際手話も通訳を担当す
ることになりました。

2002 年に来日し、日本でも 12 週間のろう通訳者養成講座を担当しました。
受講生は 12 人で中には現在も通訳活動をしている人がいます。その講座
が日本におけるろう通訳者養成講座の先駆けだったのではないでしょうか。

その後、ろう通訳者として法律、メンタルヘルスなど多岐にわたる分
野の通訳を担うようになりました。そして、カナダろう協会から声をか
けられ、2003 年の WFD（世界ろう者会議）で ASL の通訳を担当するこ
とになりました。そのときはカナダではなく東京の調布市に住んでいて、

世界のろう通訳者、ろう通訳者と協働する聴通訳者たち　　145

会場のバンクーバーまでの旅費も出してもらい通訳をしたのですが、そのときにペアを組んだフィーダーとはきちんと協働できませんでした。

デボラ（WASLI 前会長）は以前から面識があり、彼女とはうまく協働できました。また、WASLI を立ち上げた時は ASL だけでなく、国際手話の通訳の活動を始めた時期と重なります。

(4) 医療通訳の経験

1997 年のことです。ある女性が双子の出産で難産だった時、手話通訳者を派遣してもらえなかっため、母親が彼女を励ましながら簡単な通訳をしたものの、医療スタッフとのコミュニケーションが円滑に進まなかったことがありました。ちょうどその頃、糖尿病のろう患者が医者とのコミュニケーションが十分にできず命が危ぶまれる事態になったこともあり、告訴に踏み切ったのですが、敗訴してしまいました。病院に手話通訳者を派遣するとなると、他言語の通訳者も用意しなければいけなくなるので、そういった対応はできないという判決だったのです。不服申し立てをしようとしていたところ、難産だったろう女性は裁判を取り下げてしまいました。

たしか 1999 年 11 月頃だったと思いますが、カナダの裁判所で病院に対して 6 か月以内に 24 時間いつでも手話通訳者を派遣できるような体制を確立させよという判決が出ました。それで、体制が整うまでの 6 か月間、通訳養成講師をするかたわら、通訳もしました。当時は現在のような「ろう通訳者」としての扱いではなかったのですが、その時の経験や知識が今に活かされています。

医療従事者でもあった母や、医療従事者の資格を持つ手話通訳者と医療通訳について意見を交わす中で知識を蓄えることができました。ベテラン手話通訳者 2 人、医療分野で活躍している 4 人でチームを組み、医療通訳のカリキュラムを作成しました。5 クラスあるうちの 1 から 3 ク

ラスは基礎的な内容、4・5は高度な内容になります。手話通訳講座を修了したあとは、このカリキュラムを必ず受講しないといけません。
①4年間通訳として活動する（ろう者の手話や概念、環境などを学ぶために必要な経験）
②5クラスを修了したら医療通訳が可能となる。
これが医療通訳を行う上での必須条件でした。

——5クラスの履修期間は2年ぐらいですか？

　週末3日（金～日曜日）の開講で、①医療分野の専門用語に関する筆記テスト、2医療に関する手話30時間、③診察場面を想定したデモ動画の読み取り、聞き取りトレーニング30時間で、③までクリアできたら診察場面の通訳レベル、④体の部位、手術などの手話30時間、⑤手術などの場面を想定したデモ画面の読み取り、聞き取りトレーニング30時間。⑤までクリアできたら医療場面での通訳が可能となります。時代の変化に合わせてカリキュラムを見直しながら指導しています。

——試験方法については？　不合格だった場合、再受験は可能なんでしょうか？

　私を含めて試験官3人で評価します。試験官3名のうち2人以上の合格をもらえたらクリアとなります。試験は2種類あります。再受験は6か月後や1年後の方が多いです。

(5) ろう通訳者として大事にしていること
——ろう通訳者になる前にろう通訳に関する養成を受けましたか？

いいえ。先ほど話をした講座の講師代理を務めることになった時に通訳理論を独学で勉強し、指導していました。そのあと、さまざまなところで開催されているワークショップに参加しました。聴通訳者のワークショップでも可能な限り参加するようにしました。

　通訳者は学び続けなければならないというのが私のスタンスです。

　通訳後のフィードバックも大切だと思っています。常に通訳行為を振り返り、評価を受けることも大事だと思っています。国際手話通訳者として評価をいただくことで、ASL の通訳にも活かされることもありますし、逆も然りです。

　私としては国際手話の表出が ASL 寄りになっていることに違和感を覚えています。ASL 話者という特権を持っている人たちだけが分かる通訳になってしまうという危惧があるのです。アジア圏・アフリカ圏の通訳利用者に合わせる国際手話通訳を求めるべきだと思いますが、それを提供できない通訳者がいることを残念に思っています。

　ASL 話者は日常的に話している ASL と国際手話の精度を客観的に分析できる力が求められると思いますが、指摘に耳を傾けない通訳者もいます。通訳者は常に自分を省みることが大事なのです。

　国際手話通訳をするとき、いつも心がけていることがあります。それは、国や言語、年齢が異なる複数の通訳利用者がいる場合、理解度を確認しながら、通訳をすれば指文字や ASL 寄りにならなくなります。自然と手話の表出がやや大きくなります。こういった対象者に合わせた表出ができてこそ「等価」な通訳になると思っています。

　通訳利用者から評価を受けることに感謝の気持ちを持つことが大事です。そうすると利用者はフィードバックしてくれるようになります。評価してくれたのに感謝しない、ひどい態度をとるといった行動は避けなければなりません。

　字幕などの文字を見て通訳することは賛成しません。感情が見えない

ですし、字幕にも誤りがあります。字幕があれば通訳可能としてしまうと、英語ができないろう者は通訳することができなくなってしまいます。

確かに字幕だけなら費用は安く済みますし、聴通訳者だけの通訳も安くできるけれど、アクセシビリティの面で考えると、コストよりも「理解できる」ことが重要だと思います。まずは試すことから始めてほしいと思います。そのうえで良し悪しを判断してほしいです。ろう通訳者が加わると聴通訳者のみで通訳するのに比べ2倍のコストがかかりますが、本当にろう者に伝わる、ろう者が望む通訳を提供するという、通訳利用者であるろう者を尊重する姿勢が大切なのではないでしょうか。

聴者がフィーダーをすることで、ろう通訳者は質の良い通訳を提供できます。字幕をみて通訳すれば良いという考えは、フィーダーを担う聴者の役割を奪うことになります。フィーダーはろう通訳者が通訳するために大事な役割を持っています。

現在テレビ業界ではろう通訳のことが理解されつつあります。手話ができないテレビ業界の聴者にもろう通訳の良さが認識されればさらにその理解も進むでしょう。

――初めて報酬をもらった通訳は？

1992年の裁判所での通訳です。それから医療通訳者としても報酬を得ていました。

――初めての通訳が裁判所というのはすごいですね。どうでしたか？

緊張しましたし、その場にいたろう者は面識がある人でした。私はろう学校を卒業していませんが、ろうコミュニティは狭いのです。事前に通訳者同士で猛勉強しました。勉強したというよりも教えてもらったと

いう方が正しいかもしれません。でも、自分なりに専門用語も含めて勉強もしました。とても緊張しましたね。ろう通訳者が派遣されることに関係者は不安を抱いていたようですが、裁判でのやり取りが円滑に進む中で受け入れてくれるようになりました。

　細心の注意を払わなければならないのは守秘義務です。通訳利用者から声をかけられても安易に反応しないなど、通訳者が「正しいこと」を態度や姿勢で示すことが大事です。正しい行動を常に心がけることが大事です。ろうコミュニティを混乱させてしまうことにもなりますので守秘義務を遵守できなければ、通訳者は通訳の仕事を続けることはできません。

　通訳件数は昔ほど多くはありませんが、仕事の空き時間などに通訳しています。政府関係の仕事は本業との兼ね合いで担当していません。政府はろう通訳チーム6組を専任者として雇用したいようです。政府はろう通訳者に依頼した後に、そのろう通訳者が希望するフィーダー（字幕ではなく）を選定し、指名することについても理解し、体制を組んでいます。

　国レベルの通訳は課題が山積していますが、以前のように聴通訳のみが担っていた時と比べると改善されつつあります。字幕ではなくろう通訳者とフィーダーによる協働の通訳が良いことを改めて強調したいと思います。

(6) 印象に残っている通訳は？
——印象に残っている通訳は？

　いよいよ人生の最期を迎えるという時、延命措置に関する説明と判断を求められた場面での通訳です。医療通訳は多くの経験を積んでいましたが、このような場面は初めてでした。

　通訳前に病院関係者などに詳細について確認しました。心理的に負担が大きい内容でしたし、慎重な通訳が求められます。

　寝たきりのろう患者を挟む形で向こう側にはフィーダーがいます。ろ

う患者の目線には私と医療関係者。通訳していくと、ろう患者は自身の病状にショックを受けたような様子でした。すると、ろう患者から「あなたが決めて」と言われたのです。病院の先生に確認すると「ろう通訳者のあなたが決めてほしい」、「ほら、あなたは小さい時からこの方を知っているでしょう」と言うのです。このような状況に立たされ心が痛みました。ろう通訳者に判断を求められるとは想定外のことでした。このろう患者は身寄りがないこともあり、私はろう通訳者としての立場や、ろう者としての立場でどういった行動をすればよいのか葛藤しました。ろうコミュニティの一員として意見することを許可してもらい、間違った発言があれば訂正してほしいことも伝え、ろう者としての意見を伝えました。

　フィーダーの聴通訳者に読み取り通訳をお願いし、先生は専門家であること、自分は通訳の立場であること、など10分ぐらい話したあとに、通訳の仕事に戻りました。

　この場面は印象に残っていますね。その後も何度か同様の経験をしています。医療従事者である母親にもそういったことは稀だと言われ、他の通訳者に聞いてみてもそのような経験はないとのことでした。

――ろう通訳者だからろう者から話しかけられやすいという面もありますね。

　あるろう学校の先に精神科系の病院がありました。仕事後、通訳のために着替えて電車で向かうと、ろう児たちに今日は通訳なんだねと声をかけられました。通訳対象者や内容を勘ぐられてはいけないと、本来降りる駅で降りることができなくなったという経験があります。その後は、通訳派遣先の近くで着替えるようにしています。私自身もろうコミュニティのメンバーなので、コミュニティ通訳は会議通訳とは異なり通訳利用者のプライバシーに配慮した行動が求められます。

（7）フィーダーとの相性など
——フィーダーとの相性は大切でしょうか？

　高度な場面はそうだと思います。ろう通訳者は自分と相性がよいフィーダーを把握しています。通常であれば、だれでも組めますが、実際にはフィーダー側からペアを敬遠されることもあります。

　ある夏、通訳のために病院に向かうと、フィーダーがキャミソールにサンダルで来ていたので、身だしなみについて注意しました。こうした行動はろう者に対する社会的な見方に悪影響を及ぼすと思い、コーディネーターにも連絡しました。しかもそのフィーダーは大学の教え子だったので落胆してしまいました。

　ろう者のために通訳していると思っている人がいますが、聴者のためでもあることを忘れないでほしいです。

　私はネイルやヘアカラーは通訳者の身だしなみとしては相応しくないと考えています。タトゥーをしている場合、通訳の間は完全に隠してほしいです。裁判所や病院だったらどう見られるか、自分の立場を認識してほしいです。ある CODA が肘を超えるほどのタトゥーをしていたのですが、ついに手首まで彫ってしまったのです。手首までタトゥーがあるまま司法や医療の通訳はできないと伝えたことがあります。2025 年のデフリンピックでは通訳者らしい身だしなみで通訳することを期待します。

　繰り返しますが、通訳者を通してろう者の価値が決まるのです。

——そうですね。第三者の見方も意識しないといけませんね。

　フィーダーとの表出のタイミングや、通訳者が持つ言語外知識などが通訳に影響を及ぼします。デボラと組むことが多く、デボラもいつも私を指名してくれています。一緒に仕事する人との関係・相性やフィーダーの

専門知識が大事になります。国連、世界銀行などの仕事では、自分が通訳しやすいフィーダーを慎重に選んでいます。新人のフィーダーであっても私がしっかり通訳することで安心して通訳に臨むことができ、それがフィーダーの自信につながり、立派なチームの一員になることができます。

——日本では人材不足のため、慣れていない人とペアになることもあるのですが、やむを得ないことなのでしょうか？

　ペアとの相性が良くないと分かったら、他の人を捜す等ベストを尽くすようにします。遠隔でフィーダーと通訳をする方法もあるかもしれません。高度な現場であれば、迅速な判断も必要ですし、通訳に対する自信も左右すると思います。

(8) ろう通訳のこれから
——ろう通訳として心がけていることは？　気をつけることは？

　まず守秘義務です。聴通訳者ももちろんですが、ろうコミュニティのメンバーである以上、守秘義務を遵守するといった姿をロールモデルとして示していくことが大切です。次に時間厳守。連絡や準備を劣らないこと。これが通訳のパフォーマンスに影響します。
　また、現場の環境調整などを含めた交渉力が求められます。そこで信頼関係を築くことができれば、今後も良い成果を生むことができます。カナダ政府とはそういったことから良好な関係が築けています。
　他に服装。現場や通訳に合った服装。フォーマル、カジュアルなどの服装に気を配ってほしいですし、その場に集まる人たちや場面に合った服装のワンランク下くらいの服装がいいでしょう。
　気をつけることはこれくらいですが、これ以上に意識していることは、

世界のろう通訳者、ろう通訳者と協働する聴通訳者たち　　153

通訳依頼の内容は自分の通訳能力を超えていないか的確に判断することです。能力以上の内容であれば他の通訳者に頼んだり、推薦することが大事です。

カナダではろう通訳者が57人いますが、もっと多くの人材を求めています。ろう通訳者に問題があるのであれば、聴通訳者が担う場面もあると思います。ろう通訳の広がりは、聴通訳者を排除することではありません。

ろう通訳者が活動できる場が増えるということは聴通訳者が活動できる場が増えるということでもあります。

体力、能力、態度、評価を受け入れる力、情報収集力を向上させ、国際情勢を学び、ろう者と聴者がお互いに尊重し、連帯関係を作ることが大切です。

——コミュニティ通訳でろう通訳者が活躍するためには？

コミュニティ通訳にろう通訳は必要ですが、守秘義務という問題があります。通訳の倫理として守秘義務はあると話しても通訳利用者に理解されないことがあります。ろう通訳者が守秘義務を遵守していることを示していかなければなりません。

どのような状況があっても通訳上知り得た情報は口外しないといった毅然とした態度も求められます。ろう通訳だからこそ、病院などで片手手話や小さく表現された手話を読み取れるということもあります。あらゆる地域、年代の手話を読み取れるので、聴通訳者も読み取り通訳がしやすくなります。それが通訳利用者のメリットになるのです。

前にも言いましたが、今後さらにろう通訳の良さが広がっていくでしょう。それまで通訳の仕事で利便性やメリットを示していくことが必要です。

2 クリストファー・ストーン

（インタビュアー：武田太一）

> クリストファー・ストーン
>
> （Dr. Christopher Stone：University of Wolverhampton, WASLI 会長、手話通訳者）
>
> 　クリストファー・ストーン氏は、イギリスのウルバーハンプトン大学で教鞭をとるかたわら、国際会議や学会などで手話通訳として活躍しています。現在は WASLI（世界手話通訳者協会：World Association of Sign Language Interpreters）の会長を務めています。一人で通訳することはもちろん、ろう通訳者と共に通訳する姿を目にすることも多く、ろう通訳者とのチームワークはすばらしいものです。ストーン氏はなぜろう者と共に通訳するようになったのでしょうか。また、手話通訳界の将来についてどのように考えているのでしょうか。そのあたりを聞いてみました。

（1）手話との出会い

——こんにちは、本日はよろしくお願いいたします。

　こんにちは、クリストファー・ストーンです。サインネームは、鼻ピアスの輪っかを表現します。若い頃リング型の鼻ピアスをしていたら、こんなサインネームをつけられました。今日はよろしくお願いします。

——ありがとうございます。これまでの生い立ちや手話との出会いなどを教えてください。

世界のろう通訳者、ろう通訳者と協働する聴通訳者たち　155

Zoomによるストーン氏へのインタビュー

　私はイギリスで生まれ育ちました。私の家族は聴者で、大学に入るまで手話に触れたことはありませんでした。手話に出会ったのは大学1年生のときです。18歳の時にロンドンから西の方にある大学に入学し、化学を専攻していました。その大学ではさまざまなプロジェクトがあり、私は1年生のときに、ろう学校を訪問するプロジェクトに参加しました。それが、ろうコミュニティとの出会いです。その後毎週ろう学校に通い、生徒たちと会話するうちに手話を習得しました。大学卒業後は「デフ・フッド」で有名なパディ・ラッド博士がいるブリストル大学の大学院に進み、修士・博士課程で手話通訳を専攻しました。大学院在籍中はテレビ番組のろう通訳について研究しました。ブリストル大学大学院を出たあとはロンドンに戻り、UCL（ユニバーシティ・カレッジ・ロンドン）の研究室で心理学領域における手話通訳について研究しました。アメリカのギャロデット大学大学院で3年間手話通訳学を指導していたこともあります。さまざまな仕事をしてきましたが、ほとんどが手話通訳に関することばかりですね。大学に入ったときは化学専攻だったはずなのにねぇ。

——国際会議や学会などで手話通訳する姿を目にしますが、いろいろな
　　国の手話ができるということですか？

　そうですね。まずBSL（イギリス手話）ができますし、ASL（アメリ

カ手話）もできます。イギリスで手話通訳学を学んだあと、ろう者と一緒にウガンダの北部に行き、1年間プロジェクトに関わっていたことがあるので、ウガンダ手話も少しできます。博士課程に進む前には手話通訳養成の調査のために半年間フィンランドに滞在していたので、フィンランド手話も少しわかります。国際手話も含め数カ国の手話を知っていることになりますね。

——ご両親がろう者なのだと思っていましたが、違うんですね。

　はい違います。聴者の両親をもつ聴者です。ただ、幸いなことにろう学校やブリストル大学院でたくさんのろう者と関わる機会があったんです。私がブリストル大学院にいた頃は聴学生が24人、ろう学生が16人いました。ろう学生がたくさんいた環境のおかげで、手話の技術が向上したんでしょうね。またブリストル大学では、校舎に入ったら音声禁止で手話のみで会話するというルールがありました。このように手話だけの環境で過ごせたことが何より幸運だったと思います。

(2)　ろう通訳者との協働
——そうですか。手話習得に理想的な環境にいたんですね。それで手話通訳ができるまでになったんだと思いますが、初めてろう通訳者と組んで通訳したのはいつですか？　それはどのような通訳でしたか？

　思えば、私はずっとろう通訳者と協働してきました。ブリストル大学で手話通訳学を学んだ後、南アフリカのウガンダで最初の仕事をしました。ウガンダで現地の人たちと共に進めるプロジェクトでしたが、私と一緒に行ったろう女性Aさんと、現地のろう者BさんとCさんの他は全員聴者というチームでした。初めて訪れたところなので、当然ウガン

ダ手話はわかりません。簡単なあいさつ程度しかできませんでした。それなのに、初日すぐに会議通訳をすることになったのです。ウガンダ手話がわからないのに通訳できるはずがないでしょう。無謀ですよね。そこで、Ａさんと協力しながら通訳することにしたのです。Ａさんが現地のろう者Ｂさんとしさんの向かいに座り、私はＢさんとＣさんの後ろに立ち、Ａさんに向けて音声英語をBSLに通訳（フィード）しました。そして、ＡさんがＢさんとＣさんに向けてウガンダ手話に通訳するのです。ＢさんやＣさんがウガンダ手話で話す時はＡさんがBSLに通訳（フィード）して、それを私が英語に通訳するという流れでした。これが初めてのろう通訳者との協働です。

——とっさにできるなんてすごいですね。その方法は自分で思いついたのですか。

　いいえ、ブリストル大学にいたときに、いろいろなろう通訳の現場を見ていたおかげだったと思います。ブリストル大学にはアメリカや中国、ギリシャ、ポルトガルなど、いろいろな国のろう者が訪れました。海外のろう者が参加する講演会や研究会では、ろう者が通訳していたのです。ろう者同士のほうが国や手話の違いを超えてわかり合えたのかもしれません。そういうこともあって、ウガンダで初めてろう通訳者と協働した時も、ろう者と協力して通訳するのはごく自然なことだと思いました。世界ではろう者が通訳することを不思議に思う人もまだいるかもしれませんが、私にとっては普通のことでした。イギリスでは、ろう者が盲ろう者に向けて通訳する様子もよく見られますし、司法現場や、ろうコミュニティに属さず手話の語彙が少ないろう者に対する通訳などにもよくろう通訳が配置されます。ろう者にはろう者同士わかり合える思考があり、それが通訳の際にとても有効です。

——イギリスだからできることですか？

　いいえ、イギリスに限ったわけではありません。ウガンダのプロジェクトの際、現地のろう者に助けられたことが何度もありました。ウガンダのある地方のろう者と関わったときのことです。私も少しはウガンダ手話がわかるようになっていましたが、私は彼らの地方手話が読み取れませんでした。すると、BさんとCさんがすかさず通訳してくたのです。ろう者は幼いころからお互いに情報を説明し合ったり補完し合うことが多いですね。それがろう通訳につながっているのだと思います。あの頃、BさんとCさんは期せずしてろう通訳することになったのですが、その後ウガンダでろう通訳が定着したかどうかはわかりません。

——現在どのくらいの頻度でろう通訳者と協働していますか？

　現在は、大学の教員としてフルタイムで勤務しているため、通訳することはまれです。通訳するとしても主に学会や大会などの通訳が多くて、コミュニティ通訳はほとんどありません。アカデミックな場面でろう通訳者と協働することが多いですね。あとは、国際手話が使われる場面や、まれに知的重複のろう者に通訳するときなどですね。ただ、最近イギリスでは音声認識ソフトで、音声英語を自動的に文字化し、ろう通訳者はそれを見て手話通訳する方法が主流になってきました。ですから、私は全面的にフィードするのではなく、ろう通訳者のサポートに回ることが多いです。今は大会などの通訳が多いのですが、WASLIの会長職の任期が終わったら、またコミュニティ通訳に戻るかもしれません。でも、今はフルタイムで教員をしているため、頻繁に通訳に出かけることは難しいかもしれませんね。

世界のろう通訳者、ろう通訳者と協働する聴通訳者たち　159

――ろう通訳者がフィードではなく英文を見て通訳する方法というのは
　　定着しているのですか。

　そうですね、最近多いです。昔、イギリスでテレビにろう通訳者を配
置したいという声が高まり、40年前「See Hear」という番組が始まり
ました。通訳ではなく、ろうのキャスター自身が手話でいろいろな情報
を紹介する番組でした。その番組では、ろうキャスターがモニターの英
文を読みながら手話で話しました。また、モニターを見ながらカメラに
も目を向けるなど、テレビ向けの技術が求められたのです。キャスター
はろう通訳者という認識ではありませんでしたが、英語を読んでBSL
に翻訳するのはサイトトランスレーションという通訳方法です。さらに、
聴衆に伝えるためのノウハウを蓄積してくれました。それがろう通訳の
方法に応用されることになったというわけです。イギリスではテレビや
学会等で英語モニターを見ながら通訳するスタイルが確立しましたが、
他の国ではまだあまり見ませんね。

――日本でも、NHK手話ニュースのキャスターが、日本語の原稿を見
　　て手話で情報を伝えています。キャスターは全員ろう者なんですよ。

　ろうキャスターがニュースを伝えるというところが素晴らしいですね。
日本でもテレビから一般の通訳に波及するかもしれませんね。

（3）ろう者が通訳することのメリット
――そうですね。期待したいところです。ところで最近は、病院や学校
　　などのコミュニティ通訳にもろう通訳がつくようになったそうです
　　が、以前はどのような方々が通訳を担っていたのでしょうか？

イギリスでは2つのパターンがありました。

1つは牧師が通訳を担うパターンです。イギリスではロイヤルファミリーも信仰している英国国教会が主流です。教会では牧師が通訳を担うことが多かったのです。CODA[1] の牧師もいたので手話が使えたのでしょうね。そのため、教会以外でもろう者が通訳を必要とする場面には牧師が出向くことがよくありました。もう1つは学校の先生です。手話通訳が必要なときは先生が通訳に行くことも多かったのです。他にもCODA が通訳を担っていました。今でいうアドホック通訳者ですね。

——日本でも、昔はろう学校の先生や施設の職員が通訳することがありました。今は有資格の通訳者が通訳をするようになりましたね。なぜでしょうか。

1978 〜 1979 年頃に、しかるべき通訳養成を受けて資格をもった手話通訳者が通訳すべきであるという考えが強くなりました。今からおよそ45 年前の話です。その当時はろう通訳者も手話通訳者として登録されていましたが、その後は名前を見なくなりました。そして、2010 年頃に再びろう通訳者が現れてきました。

——なぜろう通訳が復活したのでしょうか？

復活したと言っても、現在のような通訳者とは思われていませんでした。その頃のろう通訳に対する認識は、「ろう児への学習補助」をする人というような認識だったと思います。つまり、ろう児に対してわかりやすく手話で話す、聴通訳者では通じにくい手話をわかりやすく置き換えるサポート役という見方です。たしかに、昔牧師が通訳していた頃は支援と手話通訳が入り混じったようなものでしたから、それと同じ見方

世界のろう通訳者、ろう通訳者と協働する聴通訳者たち　　161

だったかもしれません。しかし、今はこのような支援と手話通訳は分け
るべきと考えられるようになりましたので、現在はろう通訳者は手話通
訳の専門家と認識されています。

——ろう者が通訳することのメリットはなんでしょうか？

　３つあります。１つ目はろう利用者の心理が安定することです。通訳
の場にろう者が１人で周りは聴者ばかりという環境では、ろう者は孤立
し不安になります。そこにろう通訳者がいれば、同じろう者がいると思
うだけで安心感を得られます。２つ目は理解の領域が違うということで
す。聴者は耳から入ってくる情報を元にいろんなことを理解しますが、
ろう者は目から入ってくる情報で考えます。利用者と通訳者がろう者同
士の場合は、同じような思考をもつのでわかり合えるものがあります。
３つ目は言語の違い。聴通訳者ももちろん手話ができるわけですが、ネ
イティブの手話話者が使う顔の微細な動き、眉の動かし方や頬のすぼめ
方、肩の動かし方などとは、微妙に違うものです。ろう通訳者はそれら
を難なく操り、読み取ります。学会通訳などの場合は内容に関する事前
情報が提供されるので、聴通訳とろう通訳の間にそれほど差はないかも
しれません。しかし、コミュニティ通訳の場合は、ろう者と思考を合わ
せるのはろう通訳者の方が少し優れています。私のような聴者の場合は
英語が第一言語なので、聴利用者の思考がわかりますし、聴者に伝わる
通訳をすることが可能です。両者が協働することで、それぞれの第一言
語の特性を発揮して通訳の相乗効果を得られます。

——日本でも最近ろう通訳者の存在が認知されるようになってきました。
　　ところが、聴通訳者の中には自分たちの仕事を奪われるのではない
　　かと危惧する声があがるようになりました。イギリスではそのよう

な現象はありませんか？

　ありますよ。イギリスも完璧ではありません。ろう通訳はすばらしいと思う人もいれば、自分の仕事を奪われるのではと不安になる人もいます。たしかにろう通訳者が増えてきていますが、それで聴通訳者の仕事が減るということはありません。それでもまだ聴通訳者の中には快く思わない人がいるのが現実です。いろいろな見方があるということを受け入れなければなりません。

（4）聴通訳者はパートナー
――ろう通訳者にとって聴通訳者は競合するのではなくパートナーであり、お互いに大切な存在であることをどうやって説明したらよいのでしょうか？

　効果や利点を実感してもらうことだと思います。私は以前イギリス手話通訳者協会の会長を務めていたのですが、私の協会では講演会などを開催するときはろう通訳をつけていました。舞台上ではろう通訳者が英語モニターを見ながら通訳をします。舞台下では聴通訳者が読み取り通訳をします。歴代の会長は声で話していましたが、私は手話で話すので、手話から英語の読み取り通訳も必要なのです。会長が手話で話すことや、ろう通訳者が舞台に立って通訳することに対してブーイングが起こったこともありましたが、今ではそのような騒ぎもなくなりました。ろう通訳者と聴通訳者がチームで通訳する形が普通に受け入れられるようになったわけです。少しずつ変えていくしかありません。ろう通訳者も最初から堂々と通訳できたわけではありません。しかし、聴衆からは通訳がわかりやすいと好評でした。初めてのことでも未知のことでも、とにかくやってみることが大切です。テレビでもろう通訳を見ることが増えて

きたので、ろう通訳者に対する抵抗もなくなってきましたね。

——通訳利用者側が慣れるということですね。ろう通訳の効果や利点を
　実感するにはどのような方法がありますか？

　たとえば、ろう通訳者がインターネットで情報を発信するものがあり
ます。ろう通訳者は英文を見て手話翻訳を行い、その動画を発信します。
これはフィーダーと組むことなく、ろう通訳者が一人で通訳することが
できますし、ろう通訳者の得意分野かと思います。私は25年間通訳活
動をしていますが、インターネット配信をしたことはありません。ろう
通訳者ができることはろう通訳者に任せればよいと思っています。

　もう1つは司法や医療などの難しい場面の通訳です。かつては必要に
応じてろう者にサポートしてもらうような形でしたが、ろう通訳者が公
的資格を持つようになると、裁判所や病院などでろう通訳者と聴通訳者
が同等の通訳者としてペアで通訳するようになりました。すると通訳が
早くスムーズに進むようになりました。通訳がうまくいくと通訳者は達
成感を得られますよね。

　とにかく重要なのはチームで動くこと。ろう通訳者と聴通訳者が協働
することです。聴通訳者は音声を手話でフィードし、ろう通訳者に伝え
る。逆にろう通訳者は手話の談話を聴通訳者が理解しやすい手話でフィ
ードして、聴通訳者が音声で通訳する。このようなチームワークが必要
不可欠です。

——なるほど。イギリス以外にもろう通訳者が活躍している国はありま
　すか？

　ありますよ。WASLIの理事にはろう通訳アドバイザーというポスト

があるのですが、現在のろう通訳アドバイザーはリトアニアのろう通訳者です。彼はフルタイムで働いているのですが、業務上何の問題もないと言っています。ろう通訳が必要な場面にはろう通訳をつける、ただそれだけのことなんです。特にろうの子どもたちの手話は、聴通訳者だとわからないことがありますよね。聴通訳者はろう児たちと関わることが多くないので、仕方がないことだと思います。またろう高齢者の手話も違いますよね。聴通訳者が教室で学んできた手話とは全く違う手話だと思います。古い手話だったり、ろう学校の同窓生しかわからないようなコンテクストもたくさんあります。そのようなとき、ろう通訳者は自分の子ども時代を思い出したり、親世代を思い浮かべたりしながら、手話を理解することができます。リトアニアではろう通訳者に対する理解が深まっていて、イギリスよりも進んでいるかもしれません。

——ご自身が舞台に立って通訳するのと、フィーダーとして舞台下でフィードするのは違いますか？

　自分が舞台下でフィーダーになるときは、ろう通訳は国際手話や他の手話言語というパターンが多いです。同じイギリス手話同士でフィードすることはあまりありません。コミュニティ通訳の司法現場などではイギリス手話同士でフィードすることはありますが、講演などの場面ではあまりありません。そもそもイギリスではろう通訳が英語モニターを見て通訳する形ですから、フィーダーはいらないんです。イギリスが少し特殊なのかもしれませんね。アメリカにいれば、英語を聞いてアメリカ手話でフィードすることはありますし、どのように通訳するのかはろう通訳者次第です。ろう通訳者とタイミングを合わせることも意識しなければなりません。一方的にフィードするのではなく、ろう通訳者の訳出に合わせて、区切りながらフィードするなど工夫しています。タイミン

世界のろう通訳者、ろう通訳者と協働する聴通訳者たち　　165

グが合いやすいろう通訳者もいれば、なかなか合わない通訳者もいます。あるろう通訳者の話ですが、12年間ペアで通訳していたこともあり、その人は私を直視することなくうまく目線を動かして私のフィードを受け取って通訳をしていました。とても流暢に通訳しているのです。そのようなすごいスキルを持ったろう通訳者もいます。すばらしいことです。

(5) ろう通訳者と息を合わせるには

——ろう通訳者と息を合わせるにはどのような意識が必要なのでしょうか？

　大事なのはフィードする聴通訳者とろう通訳者の信頼関係ですね。たとえば、フィードしたときに、ろう通訳者の訳出で何かが抜けていると思ったら、その時はもう一度同じ内容をフィードをしますね。それでもろう通訳者は私がフィードしたことを訳出しない。どういうことでしょう。つまりろう通訳者がその情報は訳出不要だと判断したのです。そのろう通訳者の判断を理解し、信頼すればいいのです。舞台に立っていて、聴衆の反応をつかみとっているのはろう通訳者ですから、情報の選択や語彙の選択などはそのろう通訳者が判断することです。この情報はろう文化にとっては不必要だろうと判断しているわけです。聴文化ならよく使われる表現であっても、ろう文化でも同じ表現を使うとは限りません。ろう文化に合う表現はなんだろうと考え、その表現を切り捨てる判断をすることもあります。

——例えばどのようなときですか？

　そうですね。例えば講演者が自己紹介でフルネームを名乗ったとします。フィーダーは忠実に指文字で名前を伝えますが、ろう通訳者がその

講演者のサインネームを知っている場合は、フルネームは訳出せずにサインネームだけを表します。ろう者はサインネームの方をよく使いますからね。ほら、私のサインネームはリング状の鼻ピアスでしょう。逆に聴者にとってサインネームはそれほど大事な意味を持たないので、サインネームではなくフルネームで伝えます。このように文化を仲介しているわけです。

——ろう通訳者と息が合わなくなることもありますか？

　たまにありますよ。私がこれは伝えるべきだと思ってフィードしても、ろう通訳者がその情報を選ばないこともありますし、私のフィードの意味を理解できないこともあるかもしれません。それでも、ろう通訳者は舞台に立って聴衆に見られている以上、表情や態度を崩すことができません。カメラに映っているのであればなおさらです。ろう通訳者が指文字をうまく読み取れなかった場合はしばらく目線が私に固定されるので、ああもう1回出せという合図なんだなと理解して、再度指文字を表出します。または、目をつむったりして小さな合図を送ってもらい、お互いの要求をくみとりながら合わせていきます。日本で言う阿吽の呼吸？このようなテンポのある連携がとても大事です。

(6) ろう通訳者から学んだこと、コストのこと
——ろう通訳者と協働する中でろう通訳者から学んだことはありますか？

　たくさんあります。自分が考えたものとは違う表現が出てくると、そんなやり方もあるのか！　と勉強になります。私は聞いたことをそのままフィードするという楽な方法になってしまいますが、ろう通訳者はもっと別の切り口で通訳します。翻訳の方法や、ろう者にとって視覚的に

わかりやすい表現を学ぶことができます。それから、ろう者ならではの
脳内の通訳プロセスを知ることができます。逆にろう通訳者側も聴者の
通訳プロセスはこうなんだ！　と学んでいるらしいので、お互いに学び
合える素敵な関係ですね。お互い尊重しあっています。

——ろう通訳を依頼すると、通訳費用が２倍になってコストがかかる
　　と思われていますが、それについてどうお考えですか？

　そうですね。まずコミュニティ通訳などではろう通訳が入ることで通訳
がスムーズに進むことがあります。例えば会議など情報が的確に伝われ
ば１回で済むようなときは、ろう通訳者と聴通訳者のペアを１度だけ派
遣すればそれで終わります。ところが、聴通訳者だけを派遣して情報が
なかなか伝わらなかったら、何度も会議を開催して何度も通訳を派遣す
ることになるかもしれません。その回数にかかるコストを考えると、ろ
う通訳者と聴通訳者ペアで派遣した方が全体的なコストは安く済みます。

——会議通訳やアカデミックな分野では理解がありそうですが。

　これは情報アクセスという側面から考える必要があります。例えば国
連や欧州連合など正規の会議通訳がつく場合、参加者は自分の第一言語
で情報を受け取る権利があります。私の場合は自分の第一言語である英
語で聞くのが確実に理解できて安心です。ただ、英語であればよいとい
うわけではありません。流暢ではない英語を長時間聞かせられるのは苦
痛です。英語通訳者の自然で流暢な英語を聞く方が断然良いです。ろう
者も同じことです。まずろう者の第一言語である手話で情報を受け取る
こと。そのために、これまでは聴通訳者が手話通訳をしてきたわけです
が、ほとんどの聴通訳者にとって手話は母語ではありません。そうする

と、手話の音韻などが違うので、ろう者の目にはスムーズに入ってきません。ろう者にとってはろう通訳者の手話の方が受け止めやすい。通訳は、目標言語の母語話者が通訳するのがベストです。国連とか学会のように長時間出席する必要がある場合は見やすくわかりやすい通訳の方が好ましいですよね。受容するときに疲れない通訳というのは、通訳利用者にとってとても大切なことです。平等な情報アクセスがここにあるわけです。学会などの場であれば資金は十分にあるはずなので、通訳料が二倍になることを心配するようなコスト面の問題はないはずです。通訳の重要性を理解していない主催者はとかくコストばかり気にしますが、何よりも平等な情報アクセスを実現することが大事です。

——どのように説得するのが効果的でしょうか？

そもそも多くの聴者は手話通訳者が1人派遣されるのか複数派遣されるものなのか知らないのですから、最初から2人来ます、費用はこのぐらいです、と説明すればいいのです。このやり方が普通ですと話せばいいと思います。イギリスの方法ではありますが、手話通訳がもっとも最適なパターンはろう通訳と聴通訳のペアが派遣されることであるということを示します。聴通訳者が1人で何回も行く方法もありますが、その場合コストがかかってしまいますよ。ろう通訳者とペアで派遣するほうが、回数も少なくトータルのコストは安いですよと勧めるのです。

(7) WASLIとろう通訳、将来への期待
——現在 WASLI 会長を務めていらっしゃいますが、WASLI はろう通訳をどのように考えているのでしょうか？

WASLI は常にろう通訳者と共にあります。WASLI の初代会長は

CODA のリズ・スコット・ギブソン（Liz Scott Gibson）、副会長はデフ
ファミリー出身でろう通訳者のファン・ドゥルエッタ（Juan Druetta）
でした。当時から理事にはろう通訳者もいたわけです。私たちが見るの
は「手話通訳」であって、通訳者が聴者であるか、ろう者であるかは
関係ありません。団体によっては聴通訳者だけの集団や、逆に聴通訳
者は入れないというルールをもつ集団もあるかもしれません。しかし、
WASLI は聴者であるとかろう者であることを区別することなく全ての
「手話通訳者」たちのための協会です。

——なるほど。WASLI が課題だと考えているものはありますか？

　そうですね、ろう者向け手話通訳教育のあり方でしょうか。よくある
手話通訳教育カリキュラムは、まず手話を知らない聴者相手に手話を
教え、ある程度手話ができるようになったら通訳方法を教えるというカ
リキュラムになっています。しかし、このカリキュラムは、通訳を目指
すろう者には不適切ですよね。ろう者はすでに手話ができるのですから、
手話を学ぶ課程は不要でしょう。つまり、ろう者は通訳について学ぶ課
程から始めればいいのです。私が教えている大学でも学士課程では手話
やろう学校のことについて学ぶクラスがありますが、これらはろう者に
とっては十分知っていることだらけです。修士課程になると全員手話が
できることが前提になっていますから、聴院生もろう院生も手話で授業
に参加できます。そして、司法場面や、コミュニティで起こるさまざま
なトピックの通訳練習をします。警察官や弁護士などを招いて模擬通訳
をしたり、CO 通訳のフィード練習などを行います。これはろう通訳者
も聴通訳者も共に行います。聴通訳者にそれぞれ得意分野があるよう
に、ろう通訳者も会議通訳、コミュニティ通訳など各自の得意分野があ
ります。ろう通訳者だけで集まりたい、女性の聴通訳者だけで集まりた

い、LGBTQ 通訳者だけで集まりたいなど、個別化のニーズはありますが、最終的にはみんな同じ「手話通訳」というフィールドにいるわけです。

——将来に期待することは何でしょうか？

　まず私が望むことは世界中でろう通訳が受け入れられることです。ヨーロッパではろう通訳に対する理解は広まりつつあり、日本でもこれから変化があるかもしれませんね。アメリカではろう通訳者が活躍する場が増えているのは確かですが、一方で聴通訳者たちが抑圧されているという現実もあるようです。カナダは今発展中です。それぞれの国でそれぞれの発展をしていますが、ろう通訳が国際的に受け入れられるようになることが私の希望です。

——そのためには通訳者の数が増えること、そのためには養成が不可欠ですよね。

　そうです。もっとろう通訳の養成の場が増えることです。特に異文化理解は大事な要素です。文化に優劣はありません。ろう文化とは何か？　聴文化とは何か？　お互いに情報を交換し学び合わなければなりません。どちらかが我慢して相手に合わせることではありません。私がイギリス、あなたが日本であるように、お互いの文化が違うことを認め尊重する。このようなオープンなやりとりが目に見える形でやれたら良いですね。とにかく手話通訳の養成の場が増えることが大事だと思います。手話通訳の世界からろう者を排除してはいけません。聴者とろう者ではカリキュラムが異なるかもしれませんが、共に学べる環境を整備することが大切です。もし聴者が手話をまだ習得していないのであれば手話クラスを受けること、英語のスピーキングクラスをまだ受けていなければそ

のクラスを受けること。同じようにろう者のほうも必修リストを全部埋めていく過程が大事です。通訳者課程を修了したらろう者も聴者も通訳者として同じスタートラインに立つことができます。それぞれたどる道のりは違うかもしれませんが最終的に行き着くのは「手話通訳」というフィールドです。そのフィールドの中で、ろう者と聴者に分けることもあれば、男性と女性、使用言語など、さまざまなカテゴリーがあるかもしれません。イギリスでもアフリカ系の通訳者が集まったりすることがあります。おそらくそのコミュニティの中で使われる言語も違っているのかもしれませんね。そのようなコミュニティがあることは尊重し、もっとオープンマインドでとらえる必要があります。そのためには聴者はまず手話ができるという基盤を固める必要があります。ろう者も手話ができるだけではなく、通訳に関する知識と技術を持って対等な立場に立ちます。

――共に通訳者としてスタートするためには資格というパスポートを持
　　たなければなりませんね。

　もちろんです。しかし、従来の手話通訳試験の方法はろう者には合わないかもしれません。でも、合わないというのであれば方法を変えれば良いだけのことです。誰もが等しく手話通訳者試験を受けられることが大切です。

(8) おわりに
――最後に日本の読者たちに一言お願いします。

　私たちは手話通訳者として仕事をしています。通訳することで自己研鑽し、社会の認識を変えていく必要があります。例えば WASLI や

efsli[2] のような大会の場であらゆる人々と交流しつつ、手話通訳の業務もやります。その場の共通言語は手話です。そこにはろう者もいて聴者もいますが、このような場では手話で話す必要があり、音声だけで話すようなろう者に対する抑圧は許されません。国際的な場で難しいのは、全員が国際手話を使えるわけではないということです。それでも、人が集まる場ではろう者が疎外されることないように手話を共通言語として話すのだという認識が大事です。手話通訳養成の必要性、ろう文化や聴文化の理解と多様性の尊重、手話通訳者が集まる場では全員手話で話すこと、この３つが大事だと考えます。手話がぎこちなくてもろう者たちは理解してくれます。表現スタイルもさまざまです。手話で話すことで私たちはつながることができるのです。ぜひ、ろう者の世界、手話通訳の世界に関心と理解を持っていただきたいと思います。

■注

1 CODA：Children of Deaf Adults（ろうの親のもとで育った聞こえる子ども）

2 efsli：Europian Forum of Sign Language Interpreters（ヨーロッパ手話通訳者フォーラム）

3 池上 真
——自身もろう者である専門職から見たろう通訳者の姿

(取材・インタビュアー:鈴木美彩、編集協力:蓮池通子)

> 池上 真
>
> アメリカ、ジョージア州アトランタ在住の日本人ろう者。ろうの専門職の一人として、同じろう者である通訳者(以下、ろう通訳者とする)と協働した経験を持っています。ワシントンDCにあるろう難聴者のための大学、ギャロデット大学を2009年に卒業して以来、アメリカで10年以上ソーシャルワーカーとして働いており、2019年には博士号も取得し、臨床と研究の両面から日々研鑽を続けられています。

池上さんのオフィス、たくさんの千羽鶴が机上に飾られていた。ギャロデット大学の看板も壁に掛けられている。

(1) ホープ・ハウスの通訳現場

池上さんの職場は、アトランタ地域のホームレス問題の解決を目指すケアリング・ワークス社(CaringWorks, Inc.)が運営しているホープ・ハウス(Hope House)です。池上さんはここでアメリカ手話話者としてセラピストの役割を担っています。ホープ・ハウスは薬物及びアルコール依存の問題を抱えた年齢や背景の異なる男性のための施設で、ここで生活しながら個人カウンセリングとセラピー、サポートグループなどを通して最長2年間依存症の治療を図ります。この施設では、聴者だけで

ホープ・ハウスの外観、HOPE の文字がある

はなく、ろう・難聴者のためのプログラム「デフ・ブリッジ・トゥ・リカバリー（Deaf Bridges to Recovery）」（ろう者の回復への架け橋の意）も提供されています。ろう・難聴の男性で薬物及びアルコール依存の問題を抱えた人々でも、情報アクセスが十分に確保された環境で安心してサービスを受けることができる、アメリカでも数少ないプログラムです。

　この施設で専門職であるセラピストとして働く池上さんにろう通訳の現場での様子や、専門職との協働、ろう通訳の役割とその存在意義について話を聞きました。さらに、実際に池上さんと協働している通訳者にも話を聞きました。

(2) ジェームズ・スミスさんとソレン・スカンロンさんのチーム

　池上さんの紹介で、午後の講演を担当するろう通訳者のジェームズ・スミスさんに Zoom でお話を伺いました。スミスさんは 14 歳の頃から自分と同じろうの家族のために通訳をしてきました。以来、かれこれ 30 年にわたり通訳の仕事をしているそうです。彼はアメリカ合衆国副大統領のハリスさんの通訳も務めたことがあるほどの実力者です。現在はフロリダに住んでおり、コロナ禍以降は Zoom を使った遠隔通訳の仕事が増え、忙しいそうです。

担当する午後の講演はZoomでの遠隔通訳で行われました。ペアを組むのはホープ・ハウスの専任通訳者である聴者のソレン・スカンロンさんです。この講演は講師も通訳チームも遠隔地からZoomでの参加で、通訳チーム同士はZoomに加えて別回線のWeb会議室でもつながっています。スミスさんは一つのPC画面に全体Zoomと通訳チームのWeb会議室の2画面を表示しているそうで、視線もまっすぐカメラを見るようにしていて、利用者を見て話しているようで自然でした。ホープ・ハウス側のろう者と聴者の参加者は別々の部屋で視聴します。講師の

ろうの部屋から見た実際のZoom画面、ろう通訳者のスミスさんだけが参加者に見えるようになっている。Zoomの字幕機能もオンにし、キャプションもついている状態

発言する池上さん
通訳チーム用のWeb会議室、Mは筆者

話をろう通訳者に伝えるスカンロンさんは、カメラをオフにしたままで、参加者からは見えず、ろう通訳者だけがカメラをオンにして、参加者から見えるようにしています。講演のテーマは認知行動療法で、認知に働きかけて気持ちを楽にする精神療法について講師自身の経験を踏まえたお話でした。Zoomでの通訳はロボットのようで味気なく、ろう者にとっては対面の方が合っていると話すスミスさんでしたが、その感情や抑揚のある通訳は直接講師の言葉が伝わってきているように感じました。

実際には、講師の音声を聴者のスカンロンさんが聞き取って、スミスさんにアメリカ手話でフィードし、スミスさんがそれをさらにろう者に合ったアメリカ手話へと昇華させています。スミスさんの手話だけを見れば、そこにリレー通訳という複雑なプロセスが存在しないかのようにみえるほど自然でした。それは彼ら通訳チームによる熟練の技術と息のあったコンビネーションのなせる業です。

　講演は参加者が意見や心境など思ったことを自由に発言できる形で進められ、ろう者の発言を読み取り通訳する際は、先程の講師の話とは逆にスミスさんがろう者の利用者それぞれの個性や特徴をしっかり把握し、スカンロンさんにフィードしていました。途中の池上さんの発言は、同じ職場の専任通訳者であるスカンロンさんが直接音声に通訳する場面もあり、状況に応じて臨機応変に対応する様子が見られました。話の中には、最近施設の関係者が亡くなったことなど感情的に揺さぶられやすいセンシティブな内容も含まれていましたが、スミスさんとスカンロンさんの通訳は至って安定していました。池上さんは、Zoom での通訳の利点はどこの州からでも手話通訳を派遣できること、そして、講演の内容に合わせて専門の通訳者を呼んだり、利用者と同じ出身のろう通訳者を選ぶ等、幅広い選択肢があることとのことでした。

（3）スミスさんの経歴

　スミスさんは、専門に特化した学術的な内容から副大統領のハリス氏の気持ちのこもった演説のような感情的な内容まで、幅広く通訳を担当しています。博士号を取得したろう者の講演の通訳では、講師自ら第二言語の音声言語に合わせた英語対応手話を使いたいと申し出るという極めて珍しい例だったそうです。専門家として使用する用語にはこだわりたいという希望だったので、スミスさんは英語対応手話を読み取り、講師がどの用語を使いたいかを明確に聴者の通訳者にフィードしたことが

世界のろう通訳者、ろう通訳者と協働する聴通訳者たち　　177

あったそうです。このろう者の講師自身もそうですが、ろう通訳者として英語を織り交ぜた音声英語に即した手話で話すのは普段の話し方とは異なり、倍以上の負担がかかります。これをやってのけるのは手話を普段から用いるろう者だからこそできることだともいえます。

　ろうのソーシャルワーカーと協働した経験もあるとのことで、その役割の違いについても聞きました。カウンセラーは専門職としてカウンセリングを繰り返す中で、患者の性格や思考傾向を把握し、本人の主訴（希望・要望）を理解しています。一方、ろう通訳者は言語のスペシャリストとして、カウンセラーとはまた別のコミュニケーションにおける専門的技術を持っているといいます。カウンセラーと患者の間のコミュニケーションで言語として現れるメッセージだけでなく、隠されたメッセージをも瞬時に把握し、専門職と患者の間の会話を助けます。また、カウンセラーと通訳者が同じ専門職の立場として考えを伝え、お互いに助け合い、協働することもあるそうです。スミスさんは協働について、「頭は1つより2つあったほうがより良い」と言っていました。しかし、ろう通訳者としての課題もあるそうです。ろう通訳者は専門職としてその知識や技術を日々アップデートすることが重要であるにも関わらず、トレーニングや事例検討などの機会が限られているそうです。ろう通訳者同士で実際に集まって勉強会や実践トレーニングの機会をより増やして行く必要があり、広大なアメリカ各地に散らばっているろう通訳者をどう集めるかが今後の課題だとのことでした。

(4) デビッド・カウアンさんとジョン・シャイブさんのチーム

　見学させてもらったもう一つの現場は対面形式で、講師も通訳チームも同じ教室にいる状態で行われました。ろう通訳者のデビッド・カウアンさんと聴通訳者のジョン・シャイブさんの通訳チームです。初めて会う方々でしたが、お互いに冗談を言い合う二人のやり取りを見ているだ

講演中のクラスの様子

ろうの利用者が発言している。このあとグータッチ

ゲームでろう者なのにと負け惜しみを言っていたよと話すろうの利用者

講師が話しているところ。シャイブさんのフィードでカウアンさんが通訳し、利用者はそれを見る

けで、良いチームであることがうかがえました。二人と話していると"コミュニケーションのプロ"というのがよくわかりました。そして、通訳前にこのクラスはスマホが鳴ったりするとかなり邪魔になるから確認したほうが良いと教えてくださったり、講師に写真撮影のことをあらかじめ言っておいたほうが良いかと聞いてくださったり、通訳を始める前の環境調整も徹底していました。

　この講義では講師は利用者に質問を投げかけ、対話をする形で進めていました。聴者もろう者も自由に挙手をして発言をしていて、とても活動的でした。講師は講義中はきちんと話に集中するよう声かけを徹底していました。このようにやり取りの多い講義でも通訳者は二人とも見事に円滑な通訳をしていました。

講演のテーマは「再発防止」で、講師が誘惑にどう対抗するか話した際、それに触発された一人のろうの利用者が最近の経験を話すと、講師はじっくり耳を傾け、ポイントごとに解説をはさみました。この場面では、音声言語を用いる聴者の講師と手話言語を用いる利用者との切り替わりがかなりありましたが、スムーズに進み、最後にはベストタイミングで講師と利用者がグータッチ。二人の間にはコミュニケーションの壁が全くないかのようでした。会話の最初から最後までがごくごく自然で、カウアンさんとシャイブさんのすばらしい仕事ぶりに言葉を失うほど感動しました。

(5) プロフェッショナルとして

　教室のレイアウトは、スクール形式で、ろう者は手話通訳が見やすいように前方一列目の席に座っていました。聴通訳者のシャイブさんはろうの利用者の後ろ、他の利用者に混じって着席し、席と席の間から前方にいるカウアンさんに向けてフィードします。ろうの利用者へダイレクトに伝わるようアクティブな手話をするシャイブさんとは違って、手話を使う体のスペースを小さくしていました。指差しは体の近くで行い、身体の向きの変換や指差しの代わりに、顔の動きを使ったロールシフト、役になりきるような手法を頻繁に使っていました。コンパクトで無駄のない手話ながらも、音声言語の情報だけでなく言語以外のあらゆる音情報もカウアンさんにもれなく送っていました。

　一方でカウアンさんは聞き手のろう利用者にわかりやすいよう、はっきりと指差しをしたり身体の向きを変えて通訳していました。キーワードやポイントとなるフレーズ等はわかりやすく強調したり、時には繰り返したりと、思わず見入ってしまう通訳でした。

　ろうの利用者が発言する際には、講師が話す時とは反対にカウアンさんが利用者の手話を読み取り、音声言語に通訳するためシャイブさん

に手話でフィードします。利用者たちはそれぞれバックグラウンドや言語経験が異なり、さまざまな州から集まってきているので、カウアンさんは各個人に合わせた話し方をシャイブさんにフィードしつつ、補足情報も伝えていました。

カウアンさん（左）とシャイブさん（右）

例えば英語によくあるアルファベットだけの略称に全称を補足したり、指差しのみの主語に説明を加えたりするなどです。

　カウアンさんは利用者とコミュニケーションを取り、話し方のスタイルや生活等を把握するために現場に早く来ることが多いと話していました。そのことは利用者一人ひとりの話し方に柔軟に対応する完璧な仕事を見て納得しました。これもプロフェッショナルとしての意識の高さの現れです。

　カウアンさんによると、ろう通訳はいつも自分が担当しているが、聴者の通訳は比較的入れ替わることも多く、その分これまでの内容をできるだけ記憶し、聴通訳者を助けているそうです。過去に繰り返し通訳を担当して内容を覚えている話のときには、聴通訳者がまだフィードしていない情報まで把握し、通訳することもあるといいます。二人ともこの道30年以上のベテランで、目の前で実際に彼らの仕事を見学させてもらえたのは良い学びとなりました。

(6) 専門職たる通訳者の姿勢とは？

　見学後、ろう通訳のスミスさん、カウアンさんに他のろう専門職との協働についてお話を聞きました。カウアンさんは、「専門職のろう者はそれぞれの領域をお互いに分かっているし、同じろう者として意思疎通

が容易で心から理解し合える。だから、ろうの専門職と一緒に仕事をするのは好きだ」と答えました。スミスさんは協働のことを「2つの頭」と例えましたが、カウアンさんは「4つの目」と例えました。より多くの発見を共有することができ、それは利用者の利益にもなるからだそうです。お二人とも、ろう通訳者がろうのソーシャルワーカーなどと協働することについてかなり肯定的でした。

　ろう通訳者としていかに他の専門職と協働するかは、RID（Registry of Interpreters for the Deaf, Inc. ＝全米手話通訳者協会）が掲げている行動規範や倫理綱領によって定められているそうです。ソーシャルワーカーはアドボケート、つまり権利の擁護や代弁を行いますが、通訳者はそれができません。通訳者はメッセージのやり取りを支援するだけで、自身の意図や意見などを加えることはありません。

　ろう通訳者として現場に到着したら、利用者であるろう者に対して自身がろう者であることを伝え、ろう者がリラックスし、良い状態で会話を始めることができます。このように、通訳者は、利用者のエンパワメントや情報へのアクセスを支援することはしても、自己決定の結果に影響を与えることは決してしないということです。

　ろう通訳は、アメリカでもまだ普及しているとは言えず、通訳者として現場に派遣された際は、ろう通訳について説明に手こずることもあるそうです。「ろう通訳」というと真っ先に「ろう」という言葉に目が行きがちで、どうしても医学的視点からの聴覚障害がイメージされてしまいます。「聴覚障害者が通訳とはどういうことだ？」と混乱してしまうので、多民族国家のアメリカでは「言語の橋渡し役」や「言語や文化の専門家」というほうが受け入れられやすいと言います。

　ここ10年ほどでろう通訳の認知度も高まってきましたが、それはSNS等による影響が大きかったそうです。SNSは認知を広めるには有効な手段で、カウアンさん自身、ろう通訳についての投稿を続けている

そうです。倫理綱領に反するため自分の業務内容について言及することはできませんが、ろうコミュニティにろう通訳を利用できる機会があることを知らせる時は、別の人にお願いしてお知らせ等の情報を流してもらったりもするそうです。

しかし、このような投稿は、一部のろう者からは売名行為と取られることもあり、またある依頼では、通訳者としてではなく、まるで有名人のような扱いで宣伝として使われることもあるそうです。カウアンさんはろうコミュニティ内でのろう通訳の認知度を上げたり、より良い通訳を提供したいと思うだけなのですが、ろう通訳の立場を利用されたり、誤解されたりしないように、支持政党や宗教などの個人的立場を通訳現場に持ち込まないよう、常に細心の注意を払う必要があると言います。

このような通訳者の立場や、行動規範などについては、通訳者同士で繰り返し幾度も話し合い、お互いに指摘し合うことでチェックを行っているそうです。

ろう者は聴者が大多数のこの世界で、聴者のやり方で場がコントロールされることに慣れてしまい、ろう通訳者も内省が行き届かないこともあるため、通訳者として36年間仕事をしてきた今でも常に学び続けているとのこと。カウアンさんは通訳者は、学ぶこと、更に成長することに貪欲でなければならず、そのためには、通訳者としての行動規範や倫理綱領はとても重要だと言います。なぜなら、それらがあるから手話通訳者として仕事ができるからだと。行動規範や倫理綱領はただ知っているだけでは意味がなく、肝に銘じて常に参照し続けなければ、通訳の仕事はうまくいかないと話していました。

（7）池上さんが経験したろう通訳者との現場

最後に、池上さんに専門職の立場からろう通訳者との協働についてお話を聞きました。

最近あった、ある施設利用者の緊急事態にろう通訳者を呼んだケースについて話してくれました。その利用者は希死念慮が強くなり、危険な状態にありました。すぐに救急に通報し、警察と専門の救急隊員（EMT: Emergency Medical Technician=救急救命士）が来ることになりました。アメリカでは遠隔手話通訳サービスのVRI（Video Remote Interpreting=ビデオ遠隔手話通訳）が普及していて、ホープ・ハウスにもその回線がありました。しかし、池上さんは不安定な精神状態にある利用者と救急隊員らとの会話をVRIで行うのは、使い勝手が悪く不適切と判断しました。そこで、実際の通訳者の派遣、それもろう通訳者がふさわしいと考え、通訳派遣会社にろう通訳者の派遣を要請し、たまたま近くにいたカウアンさんが派遣されて来ました。カウアンさんが到着すると、すでに派遣会社から経緯は伝わっていて、すぐその場に待機してもらうことにしました。

インタビューに応じる池上さん

　一方、池上さんはセラピストとして利用者を落ち着かせるために話しかけながら、救急隊員の到着を待ちました。そして救急隊員が到着すると、すぐに池上さんがろう通訳について隊員らに説明し、隊員らも専門家なのですぐに状況を把握し、その場で診察が始まりました。この時点で、現場の室内には利用者と池上さん以外に担当のろうのソーシャルワーカー、救急対応のための警察と医療専門の救急隊員、ろう通訳者、聴通訳者の計7人がいる状態でした。しかし、多人数は利用者の刺激になるので、ここからセラピストの池上さんは一歩下がって様子を見ることに徹しました。

　救急隊員による診察はろう通訳が通訳し、名前などの個人情報の聞き

取りの際、利用者が錯乱状態でなかなか答えられない時は、先ほど来たろうのソーシャルワーカーが助け舟を出し、回答していきます。利用者がソーシャルワーカーの方を見るときもありますが、ソーシャルワーカーはろう通訳の方を見るように促します。ろう通訳者が伝わっていないと感じると、ソーシャルワーカーに目配せをして他の適切な表現（地域手話など）のヒントを出してもらいます。ろう通訳者がいることで利用者は落ち着いて受け答えができ、ろうのソーシャルワーカーは自分の業務である記録や支援計画の仕事に集中することができたとのことです。

　この話を聞き、緊急時においてこのような協働ができるのはホープ・ハウスとしての体制づくりやそれぞれの専門職の専門性について理解があってこそのものだと感じました。

(8) ホープ・ハウスでの体制づくりに奔走

　5年前に池上さんがホープ・ハウスに着任してきた頃は、まだ聴者の通訳者しかいなかったそうです。筆者が見学させていただいた講演のクラスも、池上さんが来たばかりの頃はろう者が寝てしまったり、話が入ってこないというような様子だったそうで、それを見た池上さんは、通訳者の通訳技術は悪くないがしっくりこないと感じ、先に施設で働いていた同僚のろうの職員にろう通訳者を利用したらどうかと提案したそうです。以前、池上さんはフィラデルフィアで7年間ソーシャルワーカーとしてケースマネジメントの仕事をしていましたが、この仕事は利用者宅を訪問したり、学校や裁判所などさまざまな現場に赴くことが多く、その際、ろう通訳を何度も利用していました。この提案もその経験から来ていました。当時、この施設にはろう通訳について知っている人は一人もおらず、池上さんは丁寧に説明をし、施設全体に対して説得を試みました。常勤の手話通訳者もいなかったので、適切な人材を探し、スカンロンさんが常勤の手話通訳者として採用されました。スカンロンさん

世界のろう通訳者、ろう通訳者と協働する聴通訳者たち　　185

もろう通訳に肯定的で、すぐに賛同を得ることができました。そして、今から2年ほど前にろう通訳を利用できる体制が整いました。それからはろう者も講演中にうたた寝することはなく話に集中するようになり、質問や発言も積極的に行われるようになり、利用者からも好評だそうです。

(9) ろう通訳者の存在意義

　熟練した聴者の手話通訳者ならわかりやすい通訳を提供できる人もいると思いますが、池上さんはそれでもろう通訳がいるのといないのとでは違うと言います。まず、利用者の発言量に大きな差が出るそうです。

　聴通訳者の場合は、既にろう者と聴者という社会の力関係の差があるので、聴者からの無意識の圧力に対し、不要なエネルギーを使ってしまうことがあります。一方、ろう通訳者の場合は利用者と同じ文化を共有するろう者としてそこにいるだけで安心できて心の内を吐露できるようになりますし、さらにろう通訳者なら言語だけでなく文化のスペシャリストの役割も大きく、意思疎通も容易です。

　とはいえ、ろう通訳者なら誰でも良いわけではなく、注意しなければならないこともあるとのこと。例えば、フィラデルフィアでは7人の有資格のろう通訳者がおり、専門や得意分野、通訳のスタイル等によって利用者と相性が良く、そして専門職として自分と上手く協働してくれる通訳者を選択する必要もあるとのことでした。

　加えて池上さんは言語と文化のスペシャリストであると実感した事例を話してくださいました。

　それは、池上さんが前職でフィラデルフィアにいたときのことだそうです。ケースワーカーとして利用者に聞き取りを行うなどの仕事に従事していた池上さんは、ある時フィラデルフィア出身の黒人利用者を担当しました。この利用者は手話を日常的に用いて会話をする人でしたが、

池上さんが習得している標準アメリカ手話とは異なる面の多い、黒人アメリカ手話[1]を用いていました。

さらに音声言語でいう方言のようなある地域特有の言葉遣いが多く、加えて、高齢であるため年代による手話の違いもあり、池上さんとの会話がうまくいかず、聞き取り調査が難航していました。

その時、この利用者と同じろう学校出身のろう通訳者を派遣してもらい、ようやく聞き取り調査がうまく進んだそうです。

このように、自身の職務範囲を把握し、言語・文化面の問題であると認識した池上さんは、そのスペシャリストであるろう通訳者を派遣し、そのことで問題を解決し、自身の職務を全うすることができたということでした。

（10）ろう通訳者について

池上さんは、フィラデルフィアで仕事をしているときに始めてろう通訳者に出会ったそうです。それまでは、ろう通訳者の意義が全く理解できておらず、正直何のためにいるのか疑問に思っていたとのこと。しかし、自身が専門職であるソーシャルワーカーやセラピストとして、相談援助の現場でろう通訳者と協働していく中でその意義を理解していったと話していました。

ろう通訳がいることで、利用者がより安心して気持ちを打ち明けることができたり、そのことでソーシャルワーカーやセラピストの立場である自分自身も助けられることが多かったそうです。利用者とのコミュニケーションの部分に問題があると判明したときは、そこをスペシャリストに任せ、自分は自分の職務に集中する。それぞれが自分の持ち場をきちんと守ることでその場がうまくいくようになる。自分自身も現場ではろう通訳の利用者の立場になることもあり、その通訳の違いや存在意義を実感しているとのことでした。

ろう通訳は、聴通訳者だけとは異なり、派遣人数も増え、その分コストも余計にかかるという負の面を強調されがちです。例えば、病院の診察などでただでさえ狭い診察室等にろう通訳チームがいるのは困るであるとか、病院や医師等からは、なぜ通訳料を2倍も払わなければならないのかという不満や疑問をぶつけられることも多いそうです。これはアメリカでも日本でも同じなのだと思いました。このような場合、池上さんは、医師としての仕事が楽になるのでとにかく試してほしいと説得するそうです。たいてい、一度試してみるとその後、先の不満は出ることがなくなり、ろう通訳の利用が継続されるそうです。

　ホープ・ハウスでのろう通訳の体制を整えるためにさまざまなところに働きかけを行った池上さんですが、やはり自身がろう者であり、専門職として利用者の様子を見極め適切な支援を提供するというところを考えているからこそ、この説得ができるのではないかと感じました。

　最後に、ろうコミュニティはマイノリティであるため、その世界が狭いというのはどこの国でも似通っているが、ろうのソーシャルワーカーとして現場に行く際に、日頃から知っている友人が別の専門職として居合わせた場合に、どのような線引や対応をしているか聞きました。

　池上さんは、もともとろうコミュニティが狭いのは、ろう者なら知っているので、私生活の段階から線引をしておくといいます。例えば、広く一般に参加者を募るようなろう関係のイベントでも、様子を見て似たような職種が集まっている場合は、さりげなく距離と取ったり、一方で誰かの家で顔見知りが集まっているなら、素の自分でいてもよいだろうなどと常に意識して行動しているそうです。たとえ職場や現場にいなくても、専門職として自分の仕事と名前に誇りを持って行動するとのことでした。また、現場に友人の専門職やろう通訳者がいても、その場の目的を共有してそれに向かってお互いの職務を全うするだけなので、あまり関係ないそうです。

そして、ろう通訳者のあり方についても協働する専門職の立場からコメントをいただきました。

　　　ろうのソーシャルワーカーの中には、煩わしい書類作成がないとか、その場の会話を助けるだけで楽だからろう通訳者に転身する人もいるが、本来そんなに簡単な仕事ではないのは、ともに働いているろう通訳者を見てわかる。情熱がないとできない仕事だと思う。なりたければなれば良いと思うが、どうしてなりたいのか、その情熱はどこから来るのか、本当に同じろう者として他のろう者を助けたいと思っているのか、その気持ちの根源を大切にしてほしい。ただ、かっこいいとか注目されたいとかという気持ちだけなら、いつか中途半端に終わるだろうし、何より利用者にとって迷惑になります。

（11）おわりに

　今回の取材でホープ・ハウスを訪ね、現場に関わる専門職の仕事を間近で見学させていただき、彼らの仕事の質の高さを実感しました。通訳者そしてソーシャルワーカーとしての誇りを持ち、その精神が骨の髄まで染み渡っている様子が見受けられました。日本においてもろう通訳者と他のろう専門職が協働するケースが増えれば、現場のろう者や聴者のコミュニケーションはより円滑になり、ろう者の生活の質や福祉は間違いなく向上するでしょう。今回の取材から得られた多くの学びを、今後一人のろう通訳者の卵として一生の宝にしたいと思います。取材をご快諾いただいたホープ・ハウスの関係者やインタビューに応じてくださった通訳者の皆さん、本当にありがとうございました。そして今回の見学に関する日程調整を行い、お話を聞かせてくださった池上真さんに心から感謝と敬意を表します。ありがとうございました。

■注

1　アメリカでは古くからのさまざまな差別、とりわけ黒人差別の影響で、アメリカ国内で広く使われている標準的なアメリカ手話とは異なる黒人アメリカ手話が存在しています。

［付記］

　筆者（鈴木）は、取材当時、日本財団聴覚障害者海外奨学金の奨学留学生として、ギャロデット大学大学院で言語学を学んでいました。池上さんも、かつて同じ奨学金の奨学留学生として同大学に留学していました。つまり、池上さんは2つの意味で筆者の先輩に当たります。このような縁で池上さんへの取材者として、筆者に白羽の矢が立ったわけです。さらに、私はNPO法人手話教師センターの運営する「ろう通訳・フィーダー養成プログラム」を経て、ろう通訳者として実際に通訳をする機会も得ており、その通訳経験も取材をするうえでの後押しとなりました。このような取材形式は初めてでしたが、先輩にあたる池上さんの謙虚で温厚なお人柄も存じ上げていたので、喜んでお引き受けしました。

（この取材・インタビューは2023年のものです。池上さんは、現在ホープ・ハウスを退職し、ご自身でサービスを運営していらっしゃいます。）

あとがき

　本書が読者の皆さんのお手元に届く頃は、手話通訳するろう者の存在についてかなり知られるようになっているかと思います。本書の企画を思いついてから発刊に至るまでの数年の間に、ろう者が手話通訳を担うことに対する受け止め方がかなり変化しました。もともと、ろう者のコミュニティでは、ろう者同士が情報や知識の補完をしあう行為が自然に行われていました。ろう学校の授業中に、先生の口話を読み取って同級生に手話で説明したり、テレビのテロップや字幕から得た情報を高齢の両親やろうの子どもに手話で説明することは、ごく普通に行われていました。それらはある意味で翻訳や通訳と言える行為ですが、ろうコミュニティ内部で行われていたことであり、ろう者自身、自分が通訳をしているとは考えていませんでしたし、通訳ができるとも考えていなかったと思います。そのような中、海外の学会や国際会議などでろう者が手話通訳する場面を目にする機会がありました。まさに神業のような通訳です。ろう者による通訳の有効性を実感しつつ、通訳技術のトレーニングや倫理観の育成が不可欠であり、どのように進めるすべきか考えていました。

　そのような折、日本にも有資格のろう通訳者が誕生しました。残念ながら、国内で養成された通訳者ではありません。手話通訳先進国である米国のギャロデット大学大学院通訳学部（修士）を卒業し、米国でろう通訳士の資格を取った川上恵さんが帰国したのです。2014 年のことでした。川上さんは、帰国後、沖縄聴覚障害者情報センターで通訳派遣コーディネーターの仕事に就き、自身も盲ろう者向けの通訳をしたり、聴通訳者とともにリレー通訳などを実践してきました。その活躍は沖縄県や日本国内にとどまらず、国際的な会議や学会など、幅広い分野で活躍

なさっています。ろう通訳の資格を有し、通訳学という専門的な技術と知識を備えた川上さんの帰国が、ろうの手話通訳養成の実施に大きな力となりました。そして2015年、特定非営利活動法人手話教師センターは日本財団の助成を受けて「ろう通訳者養成講座・フィーダー養成講座」を開始したのです。川上さんには、ギャロデット大学での学びを生かし「通訳理論講座」の講師として、通訳観や通訳倫理、ディスカッションをとおした学びなどを提供していただきました。

　最近は、沖縄県だけでなく、大分県や東京都江戸川区でも、リレー通訳という形で、事実上、ろう通訳者が派遣されている地域もあります。また、ろうあ者相談員がろう利用者と聴通訳者の間の通訳を支援する実例もたくさんあります。一般財団法人全日本ろうあ連盟でも、ろうあ者相談員が通訳支援する実態を調査し、相談員の役割とろう者が通訳することの違いを検討しているそうです。本書では米国でろうのケースワーカーとして活躍する池上氏のインタビューを掲載しています。相談員やケースワーカーも手話通訳者も専門職です。それぞれの職務に専念するためにも、それぞれの役割を分担し、相談場面でもろう通訳者を利用してほしいものです。もちろん、専門職として手話通訳を担う人は必要なレトーニングを受け、資格を有することが不可欠です。そのためにも、ろう者を含めて手話通訳に関する資格制度化が必要です。

　最近は、NHK手話ニュースだけではなく、NHKの他の番組や、CS障害者放送統一機構の「目で聴くテレビ」など、放送分野でろう者を目にする機会が増えました。NHK手話ニュースのキャスターは、日本語原稿を見ながら手話を表出するというサイトトランスレーションを行っています。書記日本語から手話に通訳（翻訳）するろう通訳者といえます。

　また、NHKには「ハートネットTV」（https://www.nhk.jp/p/heart-net/ts/J89PNQQ4QW/）という番組もあります。こちらでも、生放送

で、ろう通訳者がリアルタイムで出演者の発言を手話に通訳することもあります。一方で、「手話で楽しむみんなのテレビ」（https://www.nhk.jp/p/ts/DWVZ19NZGV/list/）という番組が登場しました。（「ハートネットTV」で毎月2〜3回放送）これはさまざまな番組を手話で楽しみたいという、ろう視聴者の要望に応えて誕生したものです。NHKの放送済の人気番組に手話を付与しています。こちらでは、日本語の表現を通訳するだけではなく、場面の意味や登場人物の感情なども含めて手話で表現しており、「手話演者」または「手話表現者」と呼ばれます。手話演者・手話表現者は、「エンタメロード」ホームページでは「テレビ番組や映画、ネット動画など、さまざまな映像作品の音声を手話に翻訳して表現する人のことです。話者の感情や声音、登場人物の役柄に合わせて、さまざまな表情で繰り広げられるその手話表現は、聴者の仕事に例えるなら、外国語の吹き替えを担う「声優」に近い職業と言えるでしょう。」と説明されています。（https://www.entameroad.com/service.html）

　また、放送前に関係者と手話表現について入念な打ち合わせを行います。台本があり、入念な事前準備やリハーサルを経て表現を作り上げるということで、エンターテイメント性が強く、通訳というよりはパフォーマーという位置づけのように思います。通訳はあくまでも人の発言を通訳するものです。手話演者のほとんどは、ろう通訳者養成講座を修了しているわけではありませんが、手話が母語であるという強みを生かしていると言えます。NHKの番組にろう通訳や手話演者・手話表現者の登場が増えてきたのは大変喜ばしいことです。日本語で語られるものを手話で表現するという意味では、手話演者もろう通訳者も手話と日本語のバイリンガルであることが必要です。そして、翻訳に関する専門的知識が不可欠です。分野は違えど、同じようにスペシャリティであることを目指す同志ですから、今後、資格化が実現したあかつきには、ぜひみんなで受験し資格取得をめざしましょう。

資格を取得するには、試験を受けて合格することが必要です。現在、日本では手話通訳に関する資格試験が２つあります。実は、その１つ、社会福祉法人聴力障害者情報文化センターが実施している手話通訳技能認定試験（手話通訳士試験）を受験しました。学科試験には合格しましたが、実技試験は音声を使用することが前提となっているため、見送らざるを得ませんでした。悔しいです。せっかく学科試験に合格できたのに……。手話通訳技能認定試験では、学科試験に合格すると、翌年の試験の学科試験は免除され実技試験のみ受けることができます。しかし、１年目も２年目も実技試験の方法が聴者仕様のままで、ろう者に合った方法に変えてもらうことができませんでしたので、私の学科試験合格は無駄になりました。それでも１回で学科試験に合格できたので、手話通訳学科の学生たちには胸を張って報告できます。

　ろう者が手話通訳技能認定試験にチャレンジするにあたって、手話教師センターは「手話通訳士と同等の知識を得よう」という講座（日本財団助成事業）を開催しました。この講座で、ろう者も受けられる実技試験の方法をいろいろと検討してみました。その結果、聞き取り通訳試験は、公益財団法人日本英語検定協会が実施している英検（実用英語技能検定）の聴覚障害者向けテロップ受験の方法が参考になるのではないかということになりました。テロップ受験とは、すべてのリスニング内容がモニターに字幕として流れ、それを読みながら問題を解く方法です。リスニング内容はすべてモニターに文字で表示され、「右から左」（←←）へ流れていきます。音声は流れません。モニター画面の背景は「黒」で、テストに関する指示や説明などは「白い文字」で表示されます。男性の発話は「青い文字」で、女性の発話は「黄色い文字」、質問は「緑色の文字」で表示されるようになっています。

（参考：https://ameblo.jp/ils-dotabata/entry-12722111256.html）

　英検テロップ受験の方法を参考に、日本語を音声ではなく字幕で提示

し、それを見ながら手話に通訳する方法であれば、ろう者も対応できます。読み取り通訳試験については、手話を見て日本語を書くかパソコンを用いて日本語の文章を入力する方法が考えられるでしょうか。ただ、これらはあくまでも現行の実技試験の内容のまま、ろう者にも対応できる方法を考えただけです。ろう者の手話通訳者の技能を見るためには、根本から異なる試験にすることも考えられます。海外のろう通訳士のための資格試験の方法が参考になるだろうと思います。

　もう１つの試験として、手話通訳者全国統一試験があります。こちらは、自治体が実施している手話通訳者養成講座の修了試験という位置づけもあり、基本的に講座の修了者を対象としています。統一試験の実技試験は、手話話者と非手話話者の会話といった場面を通訳する内容になっており、コミュニティ通訳の分野となっています。まさにろうの通訳者が活躍できる分野なので、ろう者と聴者が協働する試験として有効だと思います。現在は、通訳が求められる場面の動画を見ながら、受験者が通訳する方法で行われますが、ここでろう者と聴者がリレー通訳をすることで、双方の技能を審査することができるのではないでしょうか。もちろん、ろう者単独の通訳技能を審査する場合は、現在の方法とは全く異なるろう者仕様の試験方法を考える必要があるかもしれません。いずれにしても、トレーニングもせず、資格ももたない自称ろう通訳者（アドホック通訳）が増殖することは、手話通訳業界ひいてはろう者社会にとってマイナス以外の何物でもありません。全日本ろうあ連盟をはじめ関係機関では、手話通訳制度の充実を求め検討を続けていることと思います。ぜひ手話通訳者の中にろう者を取り入れた制度化が進むことを期待します。

　社会が、手話を認知し手話通訳の必要性を認知してきたように、今後、ろう者も手話通訳することの有効性が認められ制度化されれば、手話通訳はろう者の職業の一つになっていくかもしれません。かつて、国立障

あとがき　195

害者リハビリテーションセンター学院手話通訳学科に応募したろう者が
いました。残念ながら受験に合格することはできませんでしたが、国リ
ハはろう者も受験できるので、ぜひたくさんのろう者にチャレンジして
ほしいものです。受験は簡単ではないかもしれませんが、聞こえる学生
と一緒にお互いの言語と文化を学びつつ、通訳のことを学べる素晴らし
い場であると思います。ぜひ、手話通訳学科にろう学生第一号が誕生す
ることを心待ちにしています。えこひいきはしませんが大切に育てます。

　かつて、ろう者の職業といえば、木工や被服、理美容など技術職がほ
とんどでした。その後、ろう者の高等教育進学や障害者雇用の拡大、欠
格条項の撤廃などにより、ろう者の職域も拡大してきました。障害者権
利条約は、「私たち抜きに私たちのことを決めないで（Nothing about us
without us）」を重要なスローガンとしています。最近は、あらゆる分野
で当事者の声を大切にとらえることが増えました。手話通訳の世界も、
聴者にだけ通訳を任せるのではなく、聴者とろう者が協働することによ
り、それぞれの当事者視点が反映されやすくなります。その結果、通訳
に対する正確性や忠実性が高まり、通訳利用者の満足につながります。
ぜひ、ろうの通訳者と聞こえる通訳者が協働することの有効性を理解し
ていただき、日本らしい CO 通訳が実現することを願います。

　おわりに、ろう通訳者養成の必要性をご理解いただき助成してくださ
った日本財団、本書発行にご尽力くださった執筆者の皆さま、インタビ
ューに応じてくださった方々、締切を守らず遅れに遅れた作業にもかか
わらず、最後まで見守ってくださった生活書院の髙橋氏に、心から感謝
申し上げます。

2024 年 8 月 10 日

木村晴美

［編著者紹介］

木村晴美（きむら・はるみ）

1965 年生まれ。

山口県立聾学校下関分校、山口県立豊北高等学校、日本社会事業大学卒業、一橋大学大学院言語社会研究科修士課程修了、同大学院言語社会研究科博士課程（単位取得退学）。

現在、国立障害者リハビリテーションセンター学院・手話通訳学科主任教官、NHK 手話ニュースキャスター。

主な著書に、『改訂新版　はじめての手話』（2014、共著、生活書院）、『手話通訳者になろう』（2019、共編、白水社）など。

［執筆者紹介］

宮澤典子（みやざわ・のりこ）

1960 年生まれ。

宮城県立宮城県第一女子高等学校卒業、東北福祉大学社会福祉学部中途退学。

現在、国立障害者リハビリテーションセンター学院・手話通訳学科非常勤講師。

主な著書に、『手話通訳レッスン DVD 初心者コース①〜⑮』（2008-2012、全国手話通訳問題研修会）、『Noricoda 波瀾万丈』（2016、クリエイツかもがわ）など。

江原こう平（えはら・こうへい）

1973 年生まれ。

東洋大学社会学部社会福祉学科卒業。

現在、国立障害者リハビリテーションセンター学院・手話通訳学科教官。

森　亜美（もり・あみ）

早稲田大学第一文学部史学科西洋史学専修卒業。

現在、日本社会事業大学非常勤講師。

主な著書に『「ろう文化」の内側から』（2009、共訳、明石書店）、『新版「ろう文化」案内』（2016、共訳、明石書店）、など。

蓮池通子（はすいけ・みちこ）

1974年生まれ。

青山学院大学文学部第二部英米文学科卒業。

1997年より茨城県登録手話通訳者、手話通訳士。現在、フリーランス手話通訳者。

主な著書に、『よくわかる！大学における障害学生支援』（2018、分担執筆、ジアース教育新社）など。

小林信恵（こばやし・のぶえ）

日本福祉大学社会福祉学部卒業。

会社員を経て、現在、日本手話及び通訳・翻訳の指導などを行っている。

寺澤英弥（てらさわ・ひでや）

1988年生まれ。

長野ろう学校卒業。

現在、株式会社 OSBS WP Group 手話寺子屋にて手話講師。手話翻訳プロジェクトのチームメンバー。

武田太一（たけだ・たいち）

日本福祉大学大学院福祉経営・人間環境研究科人間環境情報専攻修了、Boston University School of Education（ボストン大学教育学部）ろう教育修士修了。

現在、特定非営利活動法人つくし　聴覚・ろう重複センター藤　管理者兼児童発達支援管理責任者。

主な著書に、『DVD 医療用語を日本手話で』（2020、出演、インフォメーションギャップバスター）、『DVD 医療用語を日本手話で vol.2』（2022、インフォメーションギャップバスター）など。

鈴木美彩（すずき・みさ）

1998年生まれ。

日本社会事業大学卒業、ギャロデット大学大学院言語学修士課程修了。

学生業の傍ら NPO 法人手話教師センターの運営する「ろう通訳・フィーダー養成プログラム」を受講。以降ろう通訳者として活動。現在、ギャロデット大学手話教育修士課程在学中。

本書のテキストデータを提供いたします

本書をご購入いただいた方のうち、視覚障害、肢体不自由などの理由で書字へのアクセスが困難な方に本書のテキストデータを提供いたします。希望される方は、以下の方法にしたがってお申し込みください。

◎データの提供形式＝CD-R、メールによるファイル添付（メールアドレスをお知らせください）。

◎データの提供形式・お名前・ご住所を明記した用紙、返信用封筒、下の引換券（コピー不可）および200円切手（メールによるファイル添付をご希望の場合不要）を同封のうえ弊社までお送りください。

◉本書内容の複製は点訳・音訳データなど視覚障害の方のための利用に限り認めます。内容の改変や流用、転載、その他営利を目的とした利用はお断りします。

◎あて先
〒160-0008
東京都新宿区四谷三栄町6-5 木原ビル303
生活書院編集部　テキストデータ係

【引換券】
ろう通訳ってなに？

ろう通訳ってなに？
新しい手話通訳のかたち

発　　行	2024 年 8 月 31 日　初版第 1 刷発行
	2024 年 9 月 30 日　初版第 2 刷発行
編著者	木村晴美
発行者	髙橋　淳
発行所	株式会社　生活書院
	〒 160-0008
	東京都新宿区四谷三栄町 6-5 木原ビル 303
	Ｔ Ｅ Ｌ 03-3226-1203
	Ｆ Ａ Ｘ 03-3226-1204
	振替 00170-0-649766
	http://www.seikatsushoin.com
印刷・製本	株式会社 シナノ

Printed in Japan
2024 © Kimura Harumi　 ISBN 978-4-86500-175-4

定価はカバーに表示してあります。乱丁・落丁本はお取り替えいたします。